Lucy K. Walker
Geheim! – Die Tintenjäger
Löse das Rätsel der magischen Bibliothek

Lucy K. Walker

GEHEIM!

Löse das Rätsel der magischen Bibliothek
Band 1

Mit Illustrationen
von Zapf

Für meine Lektorin Jenny und alle, die dabei helfen,
Geschichten zum Leben zu erwecken.

Die Bastei Lübbe AG verfolgt eine nachhaltige Buchproduktion. Wir verwenden Papiere aus nachhaltiger Forstwirtschaft und verzichten darauf, Bücher einzeln in Folie zu verpacken. Wir stellen unsere Bücher in Deutschland und Europa (EU) her und arbeiten mit den Druckereien kontinuierlich an einer positiven Ökobilanz.

Originalausgabe

Copyright © 2023 by Bastei Lübbe AG, Schanzenstraße 6–20, 51063 Köln

Lektorat: Jennifer Buchholz
Umschlagkonzept: Kristin Pang
unter Verwendung einer Illustration von Zapf
Rätselentwicklung: Corinne Zangger und Eliane Zangger, escaperoomspiele.com
Gestaltung und Satz: Matthias Kapusta
unter Verwendung von Illustrationen von Zapf
Gesetzt aus der Arnhem
Druck und Verarbeitung: GGP Media GmbH, Pößneck
Grafiken: © shutterstock.com
Printed in Germany
ISBN 978-3-8339-0803-3

5   4   3   2   1

Noch mehr tolle Bücher, viele Videos und Ideen zum Basteln, Rätseln, Backen, Zeichnen und Spielen gibt's hier: baumhausbande.com

Löse gemeinsam mit Ivy und Frederick das Rätsel
um die Magische Bibliothek! Wie? Ganz einfach:
Schnapp dir einen Stift, und fang an zu lesen.
Am Ende jedes Kapitels erwartet dich ein Rätsel.

Die Totenköpfe zeigen an,
wie knifflig das Rätsel ist:

☠ = Das Rätsel ist einfach zu lösen!

☠ ☠ = Hier wird es schon schwieriger!

☠ ☠ ☠ = Achtung, jetzt ist Köpfchen gefragt!

Aber keine Sorge, falls du Hilfe brauchst, findest
du hinten im Buch jeweils zwei Tipps (ab S. 184).
Und immer am Anfang des nächsten Kapitels
wird die Lösung verraten.

Für die Lösung einiger Rätsel benötigst du
das beigelegte Lesezeichen, auf dem Füller und
Symbole zu sehen sind. Für den Fall, dass deinem
Buch kein Lesezeichen beilag, kannst du es dir unter
Baumhausbande.com/Geheim-Lesezeichen oder unter
folgendem QR-Code downloaden und nachbasteln.

Viel Spaß!

Der geheimnisvolle Brief

O livia, hier ist ein Brief für dich!« Die Stimme ihrer Mutter schallte durch die gesamte Wohnung, was nicht schwierig war, denn die war nicht sonderlich groß.

»Ich komme schon!«

Olivia schlug das Magazin *Naturkunde für aufgeweckte Forschende* zu und sprang wie vom Hafer gestochen aus ihrem Hochbett. Sie lief vorbei an ihrer Schwester Viola, die unten lag und Musik hörte, zur Tür. Denn ein Brief konnte nur eins be-

deuten: Endlich würde sie die Chance bekommen, als jüngste Nachwuchsforscherin einen begehrten Platz im Sommercamp für Naturkunde an der Universität Oxford zu erhalten. Auf diesen Brief wartete sie schon seit Wochen! Wenn sie die Zusage bekäme, hieße das, dass die Ferien doch noch spannend werden würden!

Ihre Mutter stand immer noch in der Wohnungstür und wedelte mit dem Brief in der Hand. »Und wenn du eh aus dem Bett bist, könntest du auch gleich deinem Dad helfen, Frühstück für die Jungs zu machen. Deck doch mal den Tisch, ich muss los, den Laden aufschließen.«

Olivia hatte ihre Mutter fast erreicht und wollte gerade einen pampigen Kommentar zurückgeben, dass ihre Brüder Rupert und Gregory gut selbst in der Lage waren, den Tisch zu decken. Da trat sie aus Versehen auf einen Stapel Buchkataloge, die direkt neben der Tür lagerten, und rutschte mit ihren Socken wie auf Seife aus. Bevor sie sich der Nase nach hinlegte, hatte ihre Mutter sie schon lachend aufgefangen.

»Vorsichtig, Ivy, die brauchen wir noch! Und dich natürlich auch! Ich wusste gar nicht, dass du doch wieder auf Bücher abfährst!«

Neben ihren Eltern, ihren drei Geschwistern und einer Katze namens Mr Snizzles teilte sich Olivia die kleine Wohnung auch noch mit ungefähr siebenunddreißigtausendvierhundertundzwölf Büchern. Ihre Eltern führten eine eigene Buchhandlung, Geschichten waren ihr Leben. Olivia hingegen hielt nicht viel von ausgedachten Geschichten. Sie legte Wert auf Fakten und

Beweise. Und darauf, nicht ständig über einen Berg Bücher oder Kataloge zu stolpern ...

»Ha-ha«, stieß Olivia aus, die alle nur Ivy nannten, und nahm den Brief von ihrer Mum entgegen. »Es wäre echt cool, wenn der Kram nicht überall rumliegen würde! Unglaublich, dass ich das meinen eigenen Eltern erklären muss.«

Doch ihre Mutter musste nur noch mehr lachen. »Sei nicht so ein Schmollmops!«

»Schmollmops, Schmollmops!«, riefen Rupert und Gregory im Chor, die gerade aus der Küche gerannt kamen. Offenbar hatten sie Dad dabei »geholfen«, Pancakes zu machen, denn sie waren von oben bis unten voll mit Mehl. Ihr Dad sah bestimmt nicht besser aus.

»Ivy, dein Typ wird verlangt! Ich muss los, hab dich lieb!« Damit gab ihre Mum erst Ivy einen Schmatzer auf die Wange und dann den beiden Mehlmonstern, die wie immer frech durch ihre Zahnlücken grinsten.

Ivy ergab sich stöhnend ihrem Schicksal, steckte den Brief ein, den sie noch keine Sekunde lang hatte betrachten können, und schob die beiden Jungs ins Bad. Dort wischte sie ihnen die verschmierten Schnuten ab und zwang sie dazu, sich die Hände zu waschen – mit Seife. Anschließend lief sie zu Dad in die Küche. Hier sah es aus, als wäre eine Mehl-Eier-Milch-Bombe explodiert.

»Ivy, Schätzchen, du kommst gerade richtig! Ich glaube, an dem Teig hat sich ein Kobold zu schaffen gemacht, der schmeckt seltsam.«

Einmal tief durchatmen. »Das wundert mich nicht, da schwimmt ja auch Eierschale drin.« Und damit schob sie ihren Dad aus der kleinen Küche, warf sich eine Schürze um und machte einen neuen Teig, so wie es ihr Grandma gezeigt hatte. Und wenige Minuten später stand sie mit herrlich duftenden Pancakes mit Himbeermarmelade und einer Kanne dampfendem Frühstückstee im Wohnzimmer.

Ihr Dad hatte sich in der Zwischenzeit zusammen mit den Jungs eine Deckenhöhle unter den Esszimmerstühlen gebaut, hielt sich mit einer Hand ein Auge zu und fuchtelte mit einem Kochlöffel in der Luft herum. »Nanu, wo kommt nur dieses Ticken her? Ist es etwa das, was ich denke?«, stieß er aus.

»Das Krokodil!«, riefen Rupert und Gregory gleichzeitig.

Doch bevor sich Ivys Dad als Käpt'n Hook dem Krokodil stellen konnte, das seine Hand und einen Wecker verschluckt hatte, lüftete Ivy den Vorhang.

»So, Ende der Vorstellung, jetzt gibt es Frühstück! Kommt raus, Jungs – du auch, Dad.«

»Du bist so 'ne Spielverderberin!«, fand Rupert.

»Das ist richtig blöde!«, stimmte Gregory zu.

»Jetzt kommt doch der spannendste Teil!«, fiel ihr sogar ihr Dad in den Rücken.

»Macht schon, ich hab keine Zeit für so einen Quatsch! Paps, du musst in den Laden, Mum ist schon vorgefahren. Und Jungs, ihr müsst zur Ferienbetreuung.« Ferienbetreuung war ein großes Wort dafür, dass Viola und Ivy sich damit abwechselten, ihre Brüder rüber zur Nachbarin Miss Kensington zu bringen.

Sie passte in den Ferien gerne auf die beiden Brüder auf. Früher hatten Viola und Ivy die Ferien bei ihrer Großmutter verbracht mit Tee, Plätzchen, Malen und Geschichten. Aber das war gefühlt Ewigkeiten her. Viola war mittlerweile dreizehn und Ivy fast zwölf, sie durften auch allein zu Hause bleiben, solange sie keinen Unfug anstellten.

»Du hast es früher geliebt, wenn deine Grandma dir vorgelesen hat oder ihr gemeinsam Geschichten erfunden habt. Wo ist nur dein Sinn für das Fantastische, das Unglaubliche geblieben?«, fragte ihr Dad und räumte das Deckenzelt wieder ab, während Gregory und Rupert sich bereits die ersten Pancakes in den Mund schaufelten.

»Das ist nur was für Kinder. Ich will Forscherin werden, da beruft man sich ...«

»... auf Fakten und Beweise«, vollendete ihr Dad den Satz und hatte dabei ziemlich schlecht ihre Stimme nachgemacht, worüber die Jungs natürlich mit vollem Mund lachten, sodass Pancakestückchen nur so über den Tisch flogen.

Bei ihrer Familie war wirklich alle Mühe vergebens, dachte sich Ivy. Da erinnerte sie sich wieder an den Brief, den sie in all dem Trubel beinahe vergessen hatte. Ohne auf die Sticheleien ihres Dads einzugehen, lief sie in ihr Zimmer und kletterte zurück in ihr Hochbett. Dort zog sie ehrfürchtig den Umschlag aus ihrer Tasche und strich ihn glatt. Ihr Herz hämmerte wie wild in der Brust, und ihr Gesicht wurde ganz heiß. Darauf hatte sie schon so lange gewartet. Vor ein paar Wochen hatte sie an dem Forschungswettbewerb ihrer Schule teilgenommen und hätte sicherlich gewonnen, wenn Pete Hamiltons Vater ihm nicht geholfen hätte, einen supercoolen Roboter zu bauen, der Tee einschenken kann. Und vielleicht hatte sie auch nicht gewonnen, weil aus ihrem selbst gebauten Kompostmüllumwandler ein Haufen Regenwürmer ausgebrochen war. Noch zwei Wochen später wurden sie dabei gesichtet, wie sie über die Gänge der Schule krochen.

Irgendwie sah der Umschlag ziemlich mitgenommen aus, das Papier war alt. Ivy drehte ihn in der Hand und stellte fest, dass er mit einem blutroten Wachssiegel verschlossen war. Sehr geheimnisvoll. Über eine Sache wunderte sich Ivy besonders: Auf dem Siegel prangte ein Totenkopf. Und der Totenkopf hatte einen Füller im Mund. Aber gut, die Universität von Oxford war eine altehrwürdige Institution, warum sollte sie kein Siegel mit Totenkopf verwenden? Ivy war sich sicher, dieser Brief würde ihr Leben verändern! Also brach sie das Siegel und öffnete den Umschlag. Sofort fiel ihr etwas ins Auge, was entfernt an eine Adresse erinnerte ...

Rätsel 1 ☠ ☠

Brich nun ebenfalls das Siegel von
dem Brief vorne im Buch und lies ihn
ganz genau. Findest du heraus, wie
die Adresse des Absenders lautet?

Kensington

Berkeley
Square

Porchester

Bruton St

Raven

Cover

12

Dover St   1

Barlow Pl

13

London

Mayfair   53

Tottenham
Court

Piccadilly

Die Adresse lautet: _____

_____

Der Totenschädel

as ist definitiv kein Brief von der Universität Oxford. Raven Coven 13, Mayfair, London«, entschlüsselte Ivy die seltsame Botschaft. Und überhaupt, was sollte all das bedeuten? Eine Ausschreibung für einen Job als Tintenjägerin? Meinten die etwa Kopfgeldjägerin? Und was sollte eine Magische Bibliothek sein? Aber vielleicht war das auch ein Test, eine Art Escape-Room. So einen hatte sie mal an ihrem Geburtstag mit der gesamten Familie gemacht – komplett unter dem Motto »Sherlock Holmes und seine ungelösten Fälle«. Der Escape-Room war eher mittelmäßig gewesen, aber Ivy hatte das Rätseln und Kombinieren trotzdem Spaß gemacht. Vielleicht hatten sich ihre Eltern das Rätsel ausgedacht – zuzutrauen wäre es ihnen. Außerdem hatte sie nicht gehört, wie Doris, die Briefträgerin, geklingelt hatte. Vielleicht stammte der Brief in Wirklichkeit von ihrer Mutter, die nur so getan hatte, als sei er mit der Post gekommen. Okay, zugegeben, der Poststempel sah echt aus. »Gezeichnet, F Punkt Skull. Was soll das bedeuten?«

Ivy war schon enttäuscht darüber, dass der Brief nicht aus Oxford kam. Aber sollte sie jetzt einfach hier sitzen und Trübsal blasen? Wohl kaum! Sie würde bei dieser Schnitzeljagd mitspielen und nicht, wie ihre Eltern es wollten, in eine fantastische Geschichte abtauchen. Mit Fakten und Beweisen und einer guten Portion Entdeckergeist würde Ivy das Rätsel lösen, das sie ihr gestellt hatten.

»Viola, ich muss los, ich hab was Wichtiges vor – bringst du die Quälgeister zu Miss Kensington?« Das Schnauben von unten reichte als Antwort. Also schlüpfte Ivy in ihren Parker, zog eine Mütze über, packte etwas Geld für die Londoner U-Bahn, den Brief und ihr Forschungstagebuch ein und machte sich auf den Weg zu der seltsamen Adresse.

Mayfair lag am anderen Ende von London. Ivy stieg an der Station Green Park aus, die Fahrt war ihr endlos vorgekommen. Von hier aus durfte es nicht weit sein, das hatte sie extra auf dem alten Stadtplan nachgesehen, der hinten in ihrem Tagebuch klebte. Wobei Tagebuch das falsche Wort war – eher Forschungsnotizbuch –, hier trug sie alles ein, was sie für wichtig und erforschenswert hielt.

Hinter ihr musste sich irgendwo der Buckingham Palace befinden, aber Ivy lief mitten zwischen den noblen Geschäftshäusern und Hotels hindurch. Sie war keine Touristin, sie hatte ein ganz anderes Ziel. Hier fuhren schwarze, blitzblank polierte Autos durch die Gegend, die Leute trugen elegante Mäntel oder auffällige Hüte, und sowieso war hier alles etwas zu ordentlich und sauber. Normalerweise wären ihre Eltern fuchsteufelswild, wenn sie wüssten, dass Ivy allein mitten durch London spazierte. Aber irgendwie hatten sie es ihr ja erlaubt mit dem Brief.

Ohne größere Probleme erreichte sie die Straße, in der sich ihr Ziel befinden sollte. Wobei sich die Raven Coven eher als schmale Gasse herausstellte, die ganz versteckt im Schatten der umliegenden Häuser lag. Es fröstelte Ivy, und sie zog den Reißverschluss ihres Parkers noch ein bisschen höher.

»10, 11, 12 ... Wo ist nur die 13?«, wunderte sie sich laut, bis ihr die windschiefe Nummer auffiel, die scheinbar nur noch mit einem Nagel befestigt an dem dunklen Sandsteinhaus hing. Sie blieb vor dem gusseisernen Tor stehen, das den Pflasterweg zum Hauseingang versperrte. Zwischen den Nachbarhäusern wirkte dieses Haus fast eingeklemmt, als wäre es nachträglich dazwischengequetscht worden. Durch die Fenster konnte man nichts erkennen, scheinbar hatte jemand die Vorhänge zugezogen. Vorsichtig stieß sie das Tor auf – es war unverschlossen und schwang quietschend zur Seite. Von einem englischen Rasen konnte bei bestem Willen nicht die Rede sein, denn Unkraut wucherte an jeder Ecke des Vorgartens. Und das Gras hatte wohl noch nie die Unterseite eines Rasenmähers zu Gesicht bekommen. Ein hässlicher, von Moos überwachsener Brunnen nahm den größten Teil des Gartens ein, aber war unter dem Grün kaum noch zu erkennen. Ob das hier wirklich zu dem Rätsel ihrer Eltern gehörte?

Schließlich hatte Ivy die Treppenstufen zur Eingangstür erreicht. Im Gegensatz zum Rest des Hauses wirkte sie wie frisch gestrichen. Und natürlich suchte Ivy vergebens nach einer Klingel – stattdessen hing an der Pforte ein Türklopfer in Form eines Totenkopfes. Der Klopfer sah aus wie ein Füller.

Kurz überlegte Ivy, ob sie nicht doch umkehren sollte. Ihr kam das alles fast zu gruselig vor. Aber nun war sie schon mal hier, und die Neugier hatte Ivy gepackt.

»Denk dran, du willst einmal eine weltbekannte Forscherin werden! Du hast keine Angst und läufst nicht einfach vor einem Rätsel davon!«, sprach sie sich selbst Mut zu. Also griff sie, ohne weiter zu zögern, nach dem Klopfer und ließ ihn herunterfahren.

Erst mal geschah gar nichts. Von der nächsten Querstraße hörte man nur den Verkehr, ein Auto hupte. Als Ivy erneut anklopfen wollte, wurde die Tür mit einem Ruck aufgerissen. Vor Schreck wäre sie fast die Stufen wieder hinuntergestolpert. Graue Augen blickten ihr aus einem müden Faltengesicht entgegen. Sie gehörten zu einem alten Mann, der in einen schicken schwarzen Anzug gekleidet war.

»Sie wünschen?«

Im Vergleich zu seiner gebückten Haltung wirkten die Augen des Mannes gestochen scharf, als würde ihnen nichts entgehen, und sie musterten Ivy aufmerksam von oben bis unten.

»Hi, ich bin Ivy! Ich hab diesen Brief bekommen und das Rätsel gelöst. Was jetzt? Bekomme ich einen Preis, oder so?«

Der Herr im Anzug rümpfte unmerklich die Nase, doch Ivy war es nicht entgangen.

»So, so, dann verraten Sie mir doch das Passwort, wenn es Ihnen keine Umstände bereitet.«

Ivy kramte den Brief aus der Hosentasche und hielt ihn dem Mann hin. »Na ja, das Passwort ist die Adresse, sonst wäre ich ja wohl nicht hier. Raven Coven 13. Wenn es *Ihnen* keine Umstände bereitet, hätte ich jetzt gerne meine Belohnung. Bin gespannt, was Mum und Paps sich ausgedacht haben ...«

Doch der Alte machte keine Anstalten, ihr einen Preis zu überreichen oder sie nur eine Sekunde aus den Augen zu lassen.

»Das Passwort«, wiederholte er. »Sie wissen schon ...«

Was für ein kauziger Typ, dachte Ivy und blickte sich im verwilderten Vorgarten um. Vielleicht musste sie ja noch ein Rätsel lösen? Schnitzeljagden bestanden schließlich meistens aus mehreren Stationen. Und da blieb ihr Blick an dem furchtbaren Brunnen hängen.

Rätsel 2 ☠

Schau dir den Brunnen ganz genau an —
wie könnte das Passwort lauten?

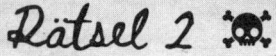

Das Passwort lautet:

_____

Frederick Skull

ortrefflich. ›Tinte‹ ist korrekt, bitte treten Sie ein. Der
Master wird sich freuen, dass endlich eine Anwärterin ein-
getroffen ist. Sie sind heute die Erste. Ehrlich gesagt, sind Sie
überhaupt die Erste, die der Tintenspur gefolgt ist.« Damit öffnete der Mann die Tür komplett und bat Ivy einzutreten. Niemals würde sie einfach so ein fremdes Haus betreten, aber offenbar war sie hier einer heißen Sache auf der Spur. Und jetzt
wollte sie auch wissen, was sich ihre Eltern für sie ausgedacht
hatten.

Also machte sie einen Schritt über die Schwelle. Auf dem
Boden lag ein Teppich, der abgetreten und verschlissen aussah.
Sofort hüllte sie eine Art Halbdunkel ein, der Geruch nach alten
Stoffsesseln und tonnenweise bedrucktem Papier umfing sie
und erinnerte sie an die Wohnung ihrer Grandma.

»Bitte folgen Sie mir«, raunte der Mann und lief zielstrebig
und viel schneller, als sein Alter vermuten ließ, durch einen Flur
auf eine Treppe zu, die nach oben führte. Irgendwas kam Ivy
an der Treppe seltsam vor, als sie dem Mann hinauffolgte. Sie
hatte das Gefühl, schon mehrere Etagen hinter sich gelassen zu
haben, doch von außen hatte das Haus überhaupt nicht so groß

gewirkt. Sie liefen vorbei an weiteren Treppen und wechselten gefühlt immer wieder die Richtungen. Ivy schwirrte der Kopf. Nach einer Weile bemerkte sie an der Wand ein Gemälde von einem riesigen Schiff, das über ein schäumendes Meer segelte. Waren das etwa Meermenschen, die dort auf Felsen saßen?

»Mr Skull erwartet Sie bereits«, riss der Butler Ivy aus ihren Gedanken. Er war scheinbar am Ende der endlosen Treppe angelangt und bedeutete ihr, einen Schritt zuzulegen.

Sie beeilte sich und hatte kurz darauf den Treppenabsatz erreicht. Hier oben war es noch dunkler als im Eingangsbereich, nur eine altertümliche Gaslampe spendete etwas Licht. Der Mann war vor einer Tür stehen geblieben und hatte dreimal kurz geklopft, bevor er eine Hand auf die Klinke legte. »Mr Skull ist äußerst beschäftigt, müssen Sie wissen, also fassen Sie sich am besten kurz.«

Sofort fiel Ivy die seltsame Ritterstatue auf, die neben der Tür scheinbar Stellung bezogen hatte. Die Runen und Zeichen darauf sahen aus, als stammten sie aus einem Märchen, doch die Rüstung war kaum größer als Ivy selbst, und aus dem Helm ragten zwei Hörner. Wer beides wohl mal getragen hatte? Vielleicht war es auch nur ein schnöseliges Kunstwerk, genauso wie das Bild an der Wand. Auf jeden Fall nichts, was man wirklich gebrauchen konnte, nur fantastischer Krimskrams.

Der Mann öffnete die Tür für Ivy. Dort erwartete sie ein wahres Sammelsurium an Plunder und Trödel! In einer Vitrine mitten im Raum war ein einfacher Regenschirm ausgestellt, daneben ein Topf, auf dem »Honig« stand. Ivy stieß sich den Kopf an der Nachbildung eines Heißluftballons, die von der Decke baumelte, und lief, als sie ihr ausweichen wollte, gegen einen Globus, der nicht unsere Erde, sondern ... »Mittelerde« zeigte. Wer wohnte hier, und was war das für ein Zeug?

»Vorsicht, bitte, die Exponate in diesem Raum sind alle von unschätzbarem Wert«, hörte Ivy plötzlich eine Stimme sagen – eine Stimme, die verdächtig jung klang. »Geh einfach mitten durch, ich bin in meinem Arbeitszimmer.« Der Raum war so mit Gerümpel zugestellt, dass sie das andere Ende nicht mal erkennen konnte. Wie bei ihren Eltern türmten sich Bücher nicht nur in den Regalen, sondern auch davor. Als sie sich an einem Reisigbesen und einem ausgestopften Wolpertinger – einer Mischung aus Hase und Vogel mit einem Geweih auf dem Kopf – vorbeigedrängt hatte, stand sie endlich im sogenannten »Arbeitszimmer«. Dabei handelte es sich einfach nur um einen großen Schreibtisch, über den eingetrocknete Pinsel in verschiedensten Größen kullerten und kleine Döschen mit Farbe gemeinsam mit ein paar offenen Klebertuben einen beißenden Werkstatt-Geruch verbreiteten. Und mitten darauf thronte die Nachbildung eines U-Bootes, das eher einem Fisch glich und ein großes Bullauge am Bug aufwies.

Dahinter tauchte ein Junge auf, der kaum älter war als Ivy selbst. Er hatte die Zungenspitze zwischen den Schneidezähnen hindurchgeschoben und klebte gerade unter höchster Konzentration eine kleine Flosse auf die Seite des U-Boots. Dann nahm er feierlich die Schutzbrille ab, strich sich die Haare glatt zur Seite und hielt Ivy eine mit Tintenflecken übersäte Hand hin.

»Frederick Skull, hoch erfreut!«

Ivy war so überrumpelt, dass sie ihm widerstandslos die Hand reichte und seine schüttelte. »Olivia Bones, aber alle nennen mich Ivy«, fügte sie schnell hinzu.

»Wunderbar, Ivy. Dann nimm doch gerne Platz – oh, Moment.« Er ging um den Tisch herum und fegte ein paar alte Zeitungen von einem Stuhl, damit Ivy sich setzen konnte. Er selbst ließ sich in einem riesigen Ohrensessel nieder. Der Junge trug eine Art Schuluniform, kurze Hosen, lange Socken, glänzende Schuhe. Über ein weißes Hemd hatte er einen grauen Pullunder gezogen, der nicht etwa mit einem Wappen bestickt war, sondern natürlich mit demselben Totenkopf und Füller, den Ivy auf dem Brief entdeckt hatte. Eine grün-rot gestreifte Krawatte, die halb unter dem Pullunder steckte, rundete das Bild ab.

»Entschuldige bitte, ich arbeite gerade an dieser Nachbildung der Nautilus aus ...«

»Zwanzigtausend Meilen unter dem Meer«, vollendete Ivy den Satz. Natürlich kannte sie die Geschichte über Käpt'n Nemo und seine Abenteuer.

Auf Fredericks Gesicht machte sich ein Grinsen breit. »Vollkommen richtig! Es freut mich außerordentlich, dass du meinen kleinen Test bestanden und nicht nur den Weg hierhergefunden, sondern auch Winstons Rätsel gelöst hast! Und du scheinst einen Sinn für Geschichten zu haben!« Frederick nickte anerkennend. »Ich halte mich nur ungern mit Formalien auf, aber für die Magische Bibliothek muss alles seine Ordnung haben, das verstehst du sicherlich?«

Ivy nickte zögerlich, obwohl sie keine Ahnung hatte, wovon der Junge sprach. Der zog mit Schwung eine Schublade des Schreibtisches auf und wühlte darin herum. Von irgendwoher war der alte Mann wiederaufgetaucht, drückte Ivy eine dampfende Tasse Tee in die Hand und stellte ein Tablett mit einer zweiten Tasse und Keksen neben dem Modellboot auf dem Tisch ab.

»Danke, Winston! So, Ivy, du fragst dich sicherlich, wieso ich eine neue Assistentin brauche! Bisher habe ich vortrefflich mit Winston zusammengearbeitet, aber wie du vielleicht bemerkt hast«, er beugte sich über den Tisch und flüsterte, »ist er nicht mehr der Jüngste. Und nun, ja«, Frederick wedelte mit der Hand in der Luft herum, als würde er etwas wegwischen wollen, »es ist ein gefährlicher Job, keine Frage. Du musst wagemutig, wieselflink und blitzgescheit sein! Ah, da ist es ja!« Und damit zog er ein Tintenfass und ein Blatt Papier heraus. Dann griff er in die Tasche eines Mantels, der über der Lehne des Ohrensessels hing, und beförderte ein Etui zutage. Das klappte sich nach und nach aus und gab den Blick auf Füller in allen Farben frei. »Es kann durchaus sein, dass wir unseren Hals bei einer Verfolgungsjagd riskieren, dass wir in ein Duell auf Leben und Tod geraten oder mit Letzterem um unser Leben feilschen werden. Deswegen frage ich dich, Olivia Bones – bist du bereit, diese riesige Verantwortung zu tragen, in den Dienst der Magischen Bibliothek einzutreten und mit mir als Tintenjägerin die Straßen Londons etwas sicherer zu machen?« Frederick warf den Füller in die Luft, der sich mehrfach um sich selbst drehte, fing ihn in einer fließenden Bewegung auf und drückte ihn Ivy in die freie Hand. »Dann unterschreib genau hier!«

Ivys Mund stand offen. Als ihr klar wurde, dass sie den verrückten Jungen wie einen Fisch anglotzen musste, schüttelte sie den Kopf, um wieder klar zu denken. Sie ließ die Hand, in der sie die Tasse hielt, mit so viel Schwung auf den Tisch runterfahren, dass heißer Tee darüberschwappte und ein paar Spritzer das U-Boot trafen.

»Moooment! Was ist das alles hier? Soll das ein Vertrag sein? Ich unterschreib gar nichts! Wen oder was willst du überhaupt jagen?« Ivy fühlte sich mit einem Mal verkohlt, als würde Frederick einen Witz über sie machen.

»Na, wir fangen natürlich Buchfiguren ein, die aus ihren Geschichten entwischt sind, und bringen sie zurück – das hab ich doch in der Stellenanzeige geschrieben«, gab der Junge zurück, ohne mit der Wimper zu zucken.

Ivy wusste nicht, was sie sagen sollte. Sie wusste nur, dass sich in ihrem Bauch ein großes Wutknäuel zusammenballte. »Findest du das etwa lustig?«

»Absolut und überhaupt nicht. Mir war noch nie etwas so ernst«, antwortete Frederick.

Und irgendwie machte Ivy das nur noch wütender. Sie war kein Kind mehr, sie ließ sich nicht mit ein paar verrückten Geschichten abfrühstücken. Beweise und Fakten – die waren das Einzige, was zählte!

»Mir reicht's! Du kannst Mum und Dad sagen, dass ich keine Lust auf solche Spielchen habe! Ich muss mir etwas dazuverdienen fürs Sommercamp und hab keine Zeit für so einen Quatsch. Danke für den Tee, ich finde selbst hinaus.« Und ohne auf eine Antwort von dem Jungen zu warten, der mit Sicherheit nicht Frederick Skull hieß und mit noch größerer Sicherheit kein Kopfgeldjäger für entflohene Buchfiguren war, stieß Ivy den Stuhl zurück und bahnte sich einen Weg durch den vollgestopften Raum.

»Warte, Ivy!«, rief der Junge ihr noch hinterher, aber sie dachte gar nicht daran und riss die schwere Tür auf. Dahinter erwartete sie ein wahres Treppen-Wirrwarr. Auf dem Hinweg war sie dem Butler blind gefolgt, aber wie sollte sie nur allein den Weg nach draußen finden? Sie würde sicherlich nicht zurückgehen und den Jungen fragen!

Rätsel 3 ☠

Hilf Ivy dabei, einen Weg aus dem verwinkelten Anwesen der Familie Skull zu finden! An wie vielen Totenköpfen kommt Ivy vorbei? Zeichne den richtigen Weg ein.

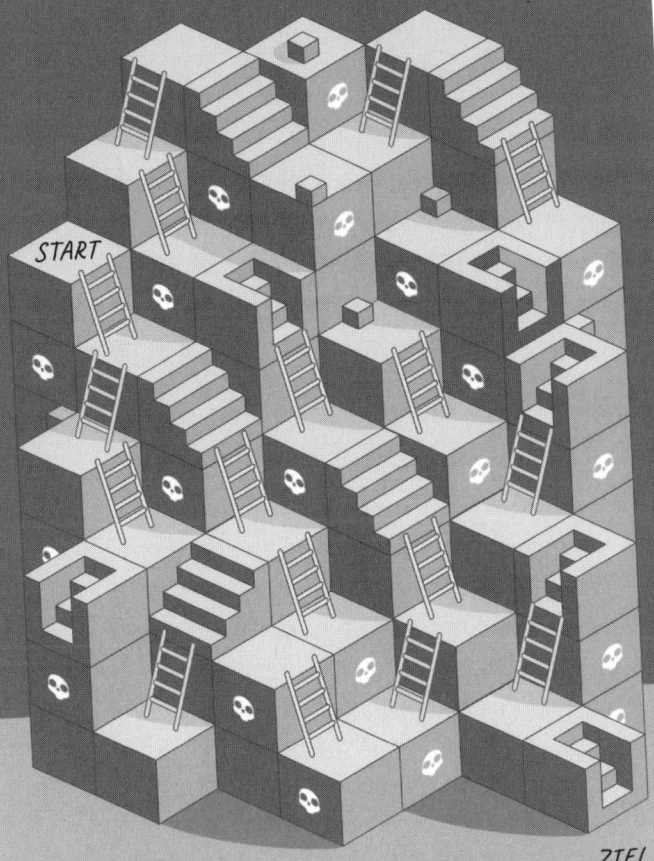

Anzahl Totenköpfe: _____

Ein Säbel und ein Haken

Als Ivy auf die Straße hinaustrat, atmete sie schwer und hatte ganz heiße Wangen. Was hatte dieser Typ mit Totenköpfen, dass er sie einfach überall hinstellte? Auf ihrem Weg nach draußen war sie mindestens sechs begegnet. Ihre Hände waren zu Fäusten geballt, in einer befand sich noch der Füller, den der komische Junge ihr gegeben hatte. Ihr erster Impuls war es, ihn einfach in den Vorgarten zu werfen. Aber dann steckte sie ihn doch in ihre Tasche. Ohne darauf zu achten, wohin sie ihre Füße trugen, lief sie die Straße hinunter. Immer weiter.

Sie hatte die Nase voll davon, dass sie immer wie ein Kind behandelt wurde. Sie wollte keine Märchengeschichten, sondern die Wahrheit. Und dieser Frederick Skull, oder wen auch immer ihre Eltern da engagiert hatten, hatte definitiv nicht mehr alle Tassen im Schrank!

Der Himmel hatte sich mittlerweile verdunkelt, die Sonne war hinter einer grauen Wolkendecke verschwunden. Na toll, gleich würde es auch noch regnen. Und als Ivy sich umsah, war sie sich mit einem Mal gar nicht mehr so sicher, wo sie eigentlich genau war. Sie wollte zur nächsten U-Bahn- oder Busstation und möglichst schnell wieder nach Hause fahren. Dort würde sie sich mit einer heißen Schokolade in ihr Bett verkriechen und ein paar Bewerbungen für einen Sommerjob schreiben, damit sie sich zumindest etwas Geld dazuverdienen konnte, um das nächste Wissenschaftscamp aus eigener Tasche zu bezahlen. Vielleicht könnte sie wenigstens Zeitungen austragen oder in Mr Summersets Blumenladen helfen.

Ein paar Leute eilten an ihr vorbei, während Ivy überlegte, in einem der Geschäfte, die gerade ihre Türen aufschlossen, oder in der Bäckerei an der Ecke, aus der ein herrlicher Duft nach frisch gebackenen Scones drang, nach dem Weg zu fragen. Aber irgendetwas hielt sie davon ab.

»Ich schaff das schon!«, sagte sie zu sich selbst und klang dabei zuversichtlicher, als sie sich fühlte. Ivy holte ihr Notizbuch mit dem Stadtplan heraus und suchte die Häuserwände nach einem Straßenschild ab. Sie drehte sich einmal im Kreis – und erhaschte für eine Millisekunde den Blick auf einen Schatten, der in einem Hauseingang verschwand.

Ein Schauer lief über ihren Rücken. Hatte sie sich den Schatten nur eingebildet? Oder war jemand absichtlich aus ihrem Blickfeld verschwunden?

So ein Unfug! Was nur ein Hauch Fantasie alles mit einem anstellt! Ivy schüttelte den Kopf. Da entdeckte sie auf der gegenüberliegenden Seite ein Straßenschild: *Green Street* stand dort in großen Lettern. Sie versuchte, den Namen auf ihrem Stadtplan ausfindig zu machen – da stellten sich plötzlich ihre Nackenhaare auf. Ivy beschlich ein ganz mieses Gefühl, das Gefühl, dass jemand sie beobachtete. Ganz langsam hielt sie den

Stadtplan noch etwas höher, drehte sich leicht und linste darüber hinweg. Doch da war kein Schatten im Hauseingang. Und nicht nur das: Auf der gesamten Straße war plötzlich niemand mehr zu sehen, sie wirkte wie ausgestorben. Ob der Junge ihr gefolgt war? Das alles war ihr nicht geheuer.

Langsam faltete Ivy den Stadtplan wieder zusammen, steckte ihn mit dem Büchlein in eine Tasche ihres Parkers und bemühte sich weiterzugehen, als wäre nichts gewesen. Mittlerweile fielen die ersten dicken Regentropfen vom Himmel, und Ivys Schlendern ging in ein Traben über. Bis sie Schritte hinter sich hörte, die ebenfalls schneller wurden – das war Ivys Zeichen. Ohne sich noch einmal umzublicken, rannte sie los!

Schon nach kurzer Zeit brannten ihre Lungen, und ihr Atem ging stoßweise. Ihre Schuhe trafen laut platschend auf die nasse Straße, Wasser spritzte in alle Richtungen. Die Schritte hinter ihr wurden lauter und holten scheinbar zu ihr auf. Ivy blickte zur Seite – da vorn entdeckte sie den rot leuchtenden Kreis mit dem blauen Balken in der Mitte, auf dem das Wort *Underground* zu lesen war. Ihre Rettung! Wenn sie Glück hatte, würde sie eine einfahrende U-Bahn erwischen und direkt vor der Nase ihres Verfolgers davonfahren. Das gab Ivy neue Hoffnung, und sie steckte alles, was sie noch an Kraft hatte, in ihre Beine. Eilig hechtete sie die Treppenstufen zur Unterführung hinunter. Ein langer, nur mit flackernden Neonröhren beleuchteter Gang öffnete sich vor ihr. An dessen Ende konnte sie die Rolltreppen erahnen, die zu den Gleisen hinunterführten. Ivy lief weiter, bis sie feststellte, dass hinter ihr kein Mucks mehr zu hören war –

nur das Trommeln des Regens auf der verwaisten Straße. Hatte sie den Verfolger abgehängt? Sie wurde langsamer – und wirklich, hinter ihr war niemand mehr zu sehen. Der Tunnel war völlig leer, nur ein paar Zeitungen wehten wie Heuballen in einem Western-Film über den Boden. Erleichtert atmete Ivy tief durch. Vielleicht hatte sie sich das alles auch nur eingebildet. Es war ein verrückter Morgen gewesen, vielleicht ein bisschen zu viel für einen ganz gewöhnlichen Ferientag. Sie ließ die Schultern sinken, strich ihren Parker glatt, vergewisserte sich, dass ihr Forschungstagebuch keinen Regen abbekommen hatte, und wollte sich zu den Rolltreppen aufmachen. Da stand plötzlich mitten im Tunnel eine Gestalt. Regen tropfte von einem überdimensionalen Hut mit breiter Krempe. Schwarze Korkenzieherlocken fielen auf einen mit Spitze und Rüschen versehenen Mantel. Das Auffälligste an der Gestalt war jedoch, dass an der Stelle, wo eigentlich ihre linke Hand hätte sein müssen, ein metallener Haken im Licht der Neonröhren glänzte.

»Hallo, Kindchen, du hast da was, das mir gehört!« Die Stimme hallte düster von den Tunnelwänden wider, und ein Goldzahn blitzte im Mund des grinsenden Mannes auf.

Doch statt die Flucht zu ergreifen, schüttelte Ivy nur den Kopf und stemmte die Hände in die Seiten. »Ich fasse es nicht!«, stieß sie aus. »Keine Ahnung, wer Sie sind, Sir, interessiert mich auch nicht die Bohne! Aber sagen Sie meinen Eltern, dass sie es total übertrieben haben. Sich als Käpt'n Hook zu verkleiden und im strömenden Regen ein Mädchen zu verfolgen – geht's noch? Haben Sie überhaupt keinen Anstand?«

Das freche Grinsen war dem Mann eindeutig vergangen. Er machte einen Schritt auf Ivy zu, woraufhin sie ihn im Lichtkegel einer Leuchtstoffröhre noch besser erkennen konnte. Seine Verkleidung war gut, keine Frage. Der Mantel und die komischen kniehohen Stiefel sahen täuschend echt aus. Genauso wie der Säbel, der an seiner Seite baumelte und den er nun ganz langsam zog.

»Ich weiß nicht, wovon du redest, Mädchen! Aber mit einer Sache hast du recht: Mein Name ist wirklich Hook. Käpt'n James Hook. Und du wirst ihn mir sofort aushändigen – ich weiß, dass du ihn hast.«

Der Typ hatte wirklich Nerven! »Keinen Schimmer, wovon *Sie* reden. Ich hatte einen echt lausigen Morgen, wenn Sie also keinen Ärger wollen, dann gehen Sie mir aus dem Weg!«

Erst wirkte der komische Kauz in dem Piratenkostüm unschlüssig, was er tun sollte. Doch dann zogen sich seine Brauen zusammen, und seine Augen verengten sich zu Schlitzen.

»Na schön, Mädchen! Du hast es so gewollt!«

Der Kerl rannte auf Ivy zu, ließ den Säbel nach unten fahren und hätte sie um ein Haar mit dem Ding erwischt, wenn sie nicht zur Seite gesprungen wäre. »Geht's noch? Sind Sie verrückt? Sie hätten mich treffen können!« Und mit einem Mal beschlich Ivy das Gefühl, dass das hier nichts mit einem Spiel zu tun hatte.

»Das war auch der Plan«, fauchte der Möchtegern-Pirat und holte erneut zum Schlag aus.

Ivy hatte keine Zeit, um nachzudenken. Mit dem Rücken stieß sie gegen die Tunnelwand – sie saß in der Falle! Von hier gab es kein Entkommen. Mehr aus Reflex zog sie den Stift aus der Jackentasche und hielt ihn schützend vor sich. Funken schlugen, als der Säbel auf dessen Metall traf. Der Pirat strauchelte zurück, als hätte ihn eine heftige Backpfeife getroffen. Seltsamerweise war Ivy nichts geschehen, sie war unversehrt und hielt immer noch den Füller wie ein Schwert umklammert.

»Vortrefflich, Ivy! Genau so! Du musst seine Schwachstelle finden und ihn dort mit der Spitze des Stifts berühren, um ihn damit einzusaugen – nur so kann er unschädlich gemacht und gebannt werden!«

Ivy wirbelte herum. Hinter ihr stand niemand anderes als der seltsame Junge. In seinen kurzen Hosen mit den langen Socken wirkte er in der Unterführung völlig fehl am Platz. Doch scheinbar wusste er, was zu tun war.

»He, Hooky, lange nicht gesehen! Hab ich dich nicht vor zwei Monaten schon mal in der Bibliothek abgeliefert? Tick, tack, wie schnell die Zeit vergeht! Du dürftest gar nicht hier sein!« Der Junge versuchte, die Aufmerksamkeit auf sich zu ziehen. Das gelang ihm auch – der Pirat hatte sich wieder gefangen und funkelte ihn an.

Ivy blieb kaum Zeit, einen Plan zu fassen. Sie musste handeln, solange der Pirat abgelenkt war! Als sie ihn genau musterte, fiel ihr auf, dass einige Stellen an seinem Körper in der kühlen Luft geisterhaft waberten. Womöglich waren das seine Schwachstellen?

Rätsel 4 ☠️☠️☠️

Finde die frischste Verletzung heraus,
dort muss Ivy Hook berühren, um ihn mit
dem Stift einzusaugen. Wenn du die Stelle
gefunden hast, gehe zur nächsten Seite.

☐ A   ☐ D
☐ B   ☐ E
☐ C

Über sein Kinn verlief eine Wunde (A), die er nach
dem Schnitt an der Hand (B) erhalten haben musste.
Unter seinem Hut schaute eine lange Narbe hervor,
die über seine Stirn verlief. Sie schien lange verheilt (C).
Sein Knie war aufgeschlagen (D). Die Wunde wirkte
jünger als das riesige Loch in seinem Schuh (E), durch
das Ivy den dicken Zeh erkennen konnte, der ebenfalls
vernarbt war.

Ivy schätzte, dass Hook die Wunde an der Hand lange
vor der am Knie erhalten haben musste. Und das Loch
im Schuh war nach der Narbe am Kinn entstanden.

Du hast Hooks Schwachstelle herausgefunden? Super! Setze jetzt den kurzen Stift auf deinem Lesezeichen beim entsprechenden Buchstaben A, B, C, D oder E an und drehe ihn, bis du ein Bild vervollständigst. Welches Bild ist es?

Das Symbol ist ein/eine: _____

A

D

Die Tintenjäger

*I*vy hatte genau den richtigen Augenblick abgewartet, machte einen Satz nach vorn und tippte den Mann mit dem Stift an seinem Knie an. Zuerst dachte sie, die Berührung hätte nicht ausgereicht, doch im nächsten Moment traute sie ihren Augen nicht. Der Pirat schrie wütend auf und wollte abermals den Säbel gegen Ivy richten, da zerfaserten plötzlich die Umrisse seiner Gestalt. Es sah so aus, als bestünde er vollkommen aus einer dunkelblauen Tintenwolke, die nun in den Stift in Ivys Händen gesogen wurde.

Ivy stand immer noch mit offenem Mund da, als der Mann längst völlig aufgelöst und verschwunden war. So als hätte es ihn nie gegeben.

»Absolut großartig! Ich bin wirklich schwer beeindruckt! Und du hast das vorher noch nie gemacht? Das kann ich einfach nicht glauben, du bist ein Naturtalent!«

Da Ivy immer noch keine Anstalten machte, sich zu bewegen oder den Mund zu schließen, nahm der Junge ihr den Stift ab, schraubte ihn auf und zog die Patrone heraus. Die hielt er Ivy vors Gesicht, sodass sie das kleine Symbol darauf erkennen konnte. Es war ein Wecker. Und aus irgendeinem Grund verspürte Ivy den Drang, das Symbol in ihrem Forschungstagebuch festzuhalten.

Blättere nun auch zur Seite 191, und umrande dort mit einem Stift die Patrone, die das Wecker-Symbol zeigt.

»So, damit ist es erledigt. Die Tinte ist jetzt in der Patrone gefangen. Die müssen wir nur in der Bibliothek abgeben, und schon bekommen wir unser erstes gemeinsames Kopfgeld. Was sagst du?« Der Junge schraubte den Stift wieder zusammen und ließ ihn in einer Tasche seines Mantels verschwinden, der vorhin noch über seinem Ohrensessel gehangen hatte.

»Wa-was war das?«, brachte Ivy nur mühsam hervor. Sie fühlte sich, als hätte sie einen Geist gesehen. Und die gab es definitiv nicht, genauso wenig wie Piraten, die sich in Tinte auflösten und in Stiften verschwanden. Oder?!

»Ah, verstehe. Das war wohl etwas viel für den Anfang. Was hältst du davon, wenn wir uns kurz setzen?«, schlug der Junge vor.

Ivy nickte und folgte ihm zum Ende des Ganges, die Rolltreppe hinunter. Am Gleis angekommen, setzten sie sich auf eine Bank, und der Junge förderte aus seinem Mantel eine Thermoskanne zutage. Er schüttete eine dampfende Flüssigkeit in den Deckel, der gleichzeitig als Becher diente, und reichte ihn Ivy.

»Heißer Tee, den hat Winston mir mitgegeben. Trink einen Schluck, der wird dir guttun.«

Und tatsächlich wirkte der Holunder-Melissen-Tee Wunder. Ivy hatte das Gefühl, wieder ganze Sätze formulieren zu können. »Du musst mir ein paar Sachen erklären, und ich will, dass du schwörst, mir nichts als die Wahrheit zu sagen!«, forderte sie.

Der Junge hob feierlich die linke Hand und legte die rechte auf die Brust, ungefähr dort, wo sein Herz war. »Ich schwöre bei dem Leben meiner Mutter, dass ich dir die Wahrheit sage.«

»Na schön, dann wollen wir mal.« Ivy holte tief Luft, wie um sich zu wappnen für das, was nun kam. »Ist dein Name wirklich Frederick Skull?«

»Das ist er.«

»Bist du tatsächlich ein Kopfgeldjäger?«

»Das bin ich. Aber ich bevorzuge die Bezeichnung *Tintenjäger*.«

»Und war das gerade der echte Käpt'n Hook, der aus der Geschichte *Peter Pan* entwischt ist?«

»So ist es. Aber du hast ihn eingefangen! Das war wirklich eine großartige Leistung, Ivy – ich könnte mir keine bessere Assistentin vorstellen«, sagte Frederick und grinste sie ermutigend an. »Vielleicht sollte ich dir ein bisschen was über unsere Welt verraten«, fuhr er dann fort. »Es ist eine geheime Welt, eine gefährliche Welt, aber vor allem eine magische!«

»Willst du mir etwa erzählen, dass noch mehr irre Märchenfiguren da draußen rumlaufen? Und wer seid ihr, die *Men in Black*? *Die Ghostbusters*?«, wollte Ivy wissen.

»Keine Ahnung, wen du meinst, ich höre hauptsächlich klassische Musik. Wie dem auch sei, es ist so, dass manche Autorinnen und Schriftsteller eine ganz besondere Gabe haben. Sie schreiben so lebhaft und wahrhaftig, dass es passieren kann, dass ihre Figuren zum Leben erwachen und auch Jahre später noch aus ihren Büchern ausbrechen. Wohlgemerkt nur aus den Originalmanuskripten. Also den originalen, oft handgeschriebenen Texten. Sie sind teils uralt und auf der ganzen Welt verstreut.«

Frederick nahm Ivy den Deckelbecher aus der Hand und genehmigte sich ebenfalls einen tiefen Schluck.

»Nun, die Magische Bibliothek sammelt und bewahrt eben jene Texte, damit niemand mit ihnen Schaden anrichten kann und die Figuren in ihren Geschichten bleiben. Wir Tintenjäger fangen diejenigen ein, die dennoch entwischt sind, und bringen sie zurück.«

Ivy nickte langsam. »Okay, das klingt völlig verrückt. Aber mal angenommen, es stimmt, was du erzählst – was wäre so schlimm daran, wenn hier ein paar Figuren aus Büchern rumrennen? Was soll schon passieren?«

Fredericks Miene verfinsterte sich, so als würden alte Erinnerungen in seinen Gedanken aufleben. »Die Figuren gehören in ihre Geschichten, das hast du doch gerade erst am eigenen Leib erfahren. Hier in der Welt der Menschen finden sie sich nicht zurecht und können Übles anrichten. Außerdem müssen sie zurück in ihre eigenen Welten, da ihre Geschichten sonst verblassen und in Vergessenheit geraten. Dann wäre es so, als hätte es sie nie gegeben.«

»Ich kann das alles einfach nicht glauben, das ist zu ...« Sie suchte nach dem richtigen Wort.

»Fantastisch?«, schlug Frederick vor.

»Absurd, bekloppt, wild, ausgedacht, an den Haaren herbeigezogen – nenn es, wie du willst.«

Frederick nickte. »Okay, Ivy, ich verstehe, was du meinst. Aber was hältst du davon: Obwohl heute schon genug für eine Woche passiert ist, ist der Tag noch jung. Also komm mit und begleite mich den Rest des Tages, wie ... ein Probearbeiten! Ich zeige dir meine Welt. Wir liefern den Käpt'n in der Magischen Bibliothek ab. Und wenn du danach nicht überzeugt bist, dass das alles echt ist und ich die Wahrheit spreche, lasse ich dich für immer in Ruhe, und wir werden uns nie wieder über den Weg laufen.«

Erwartungsvoll blickte Frederick Ivy an. Die wusste nicht, was sie sagen, denken oder glauben sollte. Das alles konnte nicht wahr sein! Aber auf der anderen Seite liebte Ivy Fakten, und die sprachen dafür, dass sie gerade eben von einem verrückten Piraten angegriffen worden war. Und eins wusste sie ganz sicher: Wenn sie Fredericks Angebot jetzt ausschlug, würde sie nie dahinterkommen, was wirklich die Wahrheit und was eine Zaubershow gewesen war.

»Und wo soll diese Bibliothek sein?«

Frederick grinste. »Natürlich versteckt unter der British Library, eine der größten Bibliotheken der Welt – im Herzen Londons an der altehrwürdigen St. Pancras Station! Lass uns zurücklaufen – Winston wird uns mit dem Wagen dort hinfahren.« Er machte schon Anstalten zu gehen, aber Ivy zog ihn an seinem Mantel zurück.

»Wenn wir schon den ganzen Figurenkram auf deine Art machen, dann reisen wir wenigstens auf meine. Sieh dich um, wir sind in einer U-Bahn-Station, und in drei Minuten kommt die nächste. Welche Bahn müssen wir nehmen?«

Doch Frederick zuckte nur mit den Schultern, als wäre er noch nie mit öffentlichen Verkehrsmitteln gefahren.

»Na schön, auf meinem Stadtplan ist auch ein Plan vom U-Bahn-Netz eingezeichnet. Worauf wartest du? Und ich will für dich hoffen, dass du nicht gelogen hast!«

Als hätte er so etwas noch nie in den Händen gehalten, nahm Frederick den Plan entgegen und hielt ihn gleich verkehrt herum. Im nächsten Moment knarzte auch noch eine Durchsage durch die Lautsprecher auf dem Gleis der Station »Bond Street«: »Achtung, Achtung, die violette Linie verkehrt aufgrund von Baumaßnahmen heute NICHT zwischen der Bond Street und Oxford Street, und die rote Linie verkehrt NICHT zwischen Piccadilly Circus und Holborn. Bis auf Weiteres hält außerdem nur noch die rote Linie in King's Cross.«

»Na, das kann ja heiter werden«, brummte Frederick.

Rätsel 5 ☠☠

Finde auf der Underground-Karte ganz hinten im Buch mithilfe der Durchsage heraus, wie Ivy und Frederick auf dem kürzesten Weg zur Station King's Cross St. Pancras gelangen.

Trage die Farben der Linien und die Namen der jeweils gefahrenen Stationen ein:

Linie	Stationen

Von Fälschungen und versteckten Türen

Der Weg durch die Underground war die reinste Irrfahrt gewesen: Zuerst fuhren Ivy und Frederick von der Bond Street aus mit der grünen Linie eine Station bis Green Park, wo sie in die blaue Linie umstiegen. Eine Station später wechselten sie an der Station Oxford Street in die violette Linie und fuhren zwei Stationen über die Tottenham Court Road bis nach Holborn. Dort konnten sie schließlich die rote Linie nehmen, die sie nach einer kurzen Fahrt ans Ziel brachte.

Von der Station King's Cross St. Pancras war es nicht weit bis zu der British Library. Letztes Jahr erst war Ivy mit der Schule hier gewesen, sie hatten an einer geführten Tour teilgenommen und sich einen Haufen alter Bücher angesehen. Wenn sie sich Bücher anschauen wollte, konnte sie auch einfach die Sammlung ihrer Eltern in der Wohnung bestaunen oder einen Abstecher in ihren Laden machen. Viel lieber wäre sie in das Londoner Naturkundemuseum gegangen, um dem riesigen Blauwal-Skelett einen Besuch abzustatten.

Die Bibliothek erkannte man schon von Weitem, denn sie

war komplett mit roten Ziegelsteinen verkleidet. Im Gegensatz zu anderen Teilen Londons sah sie nicht besonders majestätisch oder altehrwürdig aus. Das gesamte Gebäude wirkte eher karg und hatte von außen Ähnlichkeit mit einer Fabrik. Vielleicht lag das auch an dem Uhrenturm, der genauso gut ein Schlot hätte sein können, der Rauch in den Himmel pustet. Auf jeden Fall konnte Ivy sich kaum vorstellen, dass hinter diesen roten Ziegelmauern etwas Magisches vor sich gehen sollte.

Doch Frederick lief unbeirrt auf den Eingang zu und zog Ivy hinter sich her. Als eine Mitarbeiterin ihre Tickets sehen wollte, zückte Frederick nur einen Ausweis, auf dem zwei gekreuzte Federkiele zu sehen waren, deutete auf Ivy und sagte wie in einem schlechten Agentenfilm zu der Frau: »Sie gehört zu mir.«

Er schien sich hier bestens auszukennen und lotste Ivy zielsicher durch den Strom aus Touristen und Studierenden, die wahrscheinlich auf dem Weg in einen der Leseräume waren. Dort hatte auch die Führung mit ihrer Klasse geendet. Doch Frederick hatte ein anderes Ziel, und so bogen sie, nachdem sie eine Treppe hochgestiegen waren, nach links ab.

»Die Sir-John-Ritblat-Galerie«, las Ivy vor. »Was wollen wir denn da? Befindet sich in der Ausstellung etwa die Hintertür, die mitten in deine Magische Bibliothek führt?«

Eigentlich war es nur ein Scherz von ihr gewesen, doch Frederick blickte sie ernst an. »Ja, so in etwa. Wobei man natürlich nicht einfach durch einen Hintereingang spaziert. Den könnte ja jeder nehmen. Die Bibliothek ist wirklich versteckt, sie befindet sich in Räumlichkeiten unterhalb der Galerie der Schätze, wie man diesen Raum hier auch nennt, und ist in keinerlei Plänen eingezeichnet. Man muss also wissen, wie man die Pforte dahin öffnet.«

Ivy nickte langsam, obwohl sie Frederick nicht wirklich glaubte. Wie sollte man eine gesamte Bibliothek in einer anderen Bibliothek verstecken – und zwar so, dass es niemand merkte?

In der Galerie der Schätze war es dunkler als im Rest des Gebäudes und auch kälter. Frederick schien Ivys Frösteln bemerkt zu haben. »Das machen sie, damit die Originale, die hier rumstehen, nicht verblassen oder anderen Widrigkeiten ausgesetzt sind. Aber soll ich dir mal was verraten?« Ohne eine Antwort abzuwarten, fuhr er auch schon fort. »Das hier sind alles gar keine Originale. Kein einziges Stück, alles Nachahmungen.« Er schob sich an einem Herrn mit Hut und Gehstock vorbei und deutete auf ein aufgeschlagenes Buch, das in einer gläsernen Vitrine ausgestellt war. »Das soll Shakespeare sein? Von wegen! Und das hier, das Notizbuch von Da Vinci? Nein, das ist eine Fälschung. Die echten Schätze befinden sich in der Magischen Bibliothek, und ich kann es wirklich kaum erwarten, sie dir zu zeigen! Du wirst Augen machen!« Fredericks leuchteten vor Begeisterung, und er beugte sich verschwörerisch zu ihr. »Neben uns Tintenjägern gibt es noch Antiquare und Bibliothekarinnen. Die Aufgabe von Letzteren ist es, um die gesamte Welt zu reisen und Originalmanuskripte ausfindig zu machen. Die werden dann an die jeweiligen Magischen Bibliotheken übergeben. Du solltest mal die von Alexandria sehen! Da fallen dir die Augen aus dem Kopf! Meine Mutter ist auch eine Bibliothekarin.« Bei seinen letzten Worten legte sich ein Schatten über sein Gesicht, so als würde er sich an etwas erinnern. Nur für einen Sekundenbruchteil schloss er die Augen, und als er sie wieder öffnete, war der gut gelaunte und vor Begeisterung sprühende Junge zurück.

»Und was hat es mit den Stiften auf sich?«, fragte Ivy, um das Thema zu wechseln.

»Das ist eine ausgezeichnete Frage.« Frederick bedeutete ihr, ihm zu folgen, und sie blieben am Rand der Galerie stehen. Im Schatten eines Glaskastens mit aufwendig bemalten Büchern zückte Frederick das ausklappbare Federmäppchen, aus dem er auch schon in seinem Arbeitszimmer den Stift für die Vertragsunterzeichnung herausgeholt hatte. Als es sich entfaltete, staunte Ivy abermals über die feine Auswahl. Jetzt von Nahem erkannte sie, dass die Stifte nicht nur unterschiedliche Farben hatten. Manche trugen Gravuren, die ins Metall gefräst worden waren, andere zeigten Verzierungen wie Blätter oder Ranken. Manche waren aus Holz, andere aus Metall und wieder andere aus Materialien, die Ivy nicht einmal benennen konnte. Ein paar von ihnen waren sogar mit funkelnden Edelsteinen besetzt.

»Das hier sind die Füller, mit denen wir Tintenjäger die Figuren einfangen. Darin muss sich eine leere Tintenpatrone befinden.« Frederick schraubte geschickt einen Stift auseinander und zeigte ihr die leere Patrone, die völlig gewöhnlich aussah. »Die Stifte sind besonders mächtig, wenn sie einem Autor oder einer Schriftstellerin gehört haben. Der, den du von mir mitgenommen hast, hat Käpt'n Hook besonders schnell eingesaugt, weil er sich einst im Besitz von J. M. Barrie befunden hat, dem Autor von *Peter Pan*. Ein seltsamer Zufall ... Na ja, der hier«, er deutete auf einen unscheinbaren Füller, auf dem nur zwei Buchstaben eingraviert waren – L und C, »ist ein wahrer Schatz, den ich von der Bibliothek als Leihgabe bekommen habe. Aktuell treibt die Grinsekatze aus *Alice im Wunderland* in London ihr Unwesen. Und dieser Füller hat ursprünglich Lewis Carroll gehört. Damit hat er zwar nicht die Geschichte selbst geschrieben, aber Jahre später ein paar Briefe. Also steckt auch ein Funke seiner Wortmagie darin.«

Ivy verschränkte die Arme vor der Brust. »Das klingt ja alles schön und gut, aber jeder kann auf einem Stift ein paar Buchstaben einritzen und behaupten, er gehöre einem berühmten Autor. Das ist noch lange kein Beweis für irgendwas. Solange ich deine Bibliothek nicht mit eigenen Augen gesehen habe ...« Sie ließ den Satz unvollendet und zuckte mit den Schultern.

»Das ist dein gutes Recht. Obwohl ich dich nur ganz kurz daran erinnern will, dass du mit eigenen Augen gesehen hast, wie jemand in einen Stift eingesaugt wurde. Aber fein. Dann ist es jetzt so weit, ich zeige dir den Ort, wo wahre Magie gewirkt wird! Voilà!« Damit drehte er sich einmal um die eigene Achse und deutete auf die Wand direkt hinter ihnen.

»Ähm, das ist ein Bücherregal«, stellte Ivy überflüssigerweise fest.

»Das ist nicht einfach irgendein Bücherregal, das ist der geheime Zugang, die Hintertür, wie du sie nennst«, sagte Frederick.

»Also für mich sieht das immer noch wie ein Bücherregal aus«, gab Ivy etwas ärgerlich zurück. Vielleicht hatte Frederick doch einen Vogel. Wie sollte sich hier unter den Augen des Wachpersonals der Eingang zu einer anderen Welt befinden?

»Schau genau hin, Ivy«, flüsterte Frederick nun, als wäre es ein großes Geheimnis. »Benutz ein bisschen Fantasie. Ich weiß, dass sie in dir schlummert!«

Ivy stöhnte auf. Was sollte immer dieses Gerede über Fantasie? Das war einfach nur eine stinknormale Wand mit ein paar Büchern davor in einer stinknormalen Bibliothek.

»Sag mir, was du in jeder der drei Reihen siehst.«

Da fiel Ivy etwas ins Auge ... Konnte das wirklich sein?

Rätsel 6 ☠☠

Schau dir die Buchrücken ganz genau an. Welche Bücher muss Ivy aus jedem Regal ziehen, damit sich der Geheimgang öffnet?

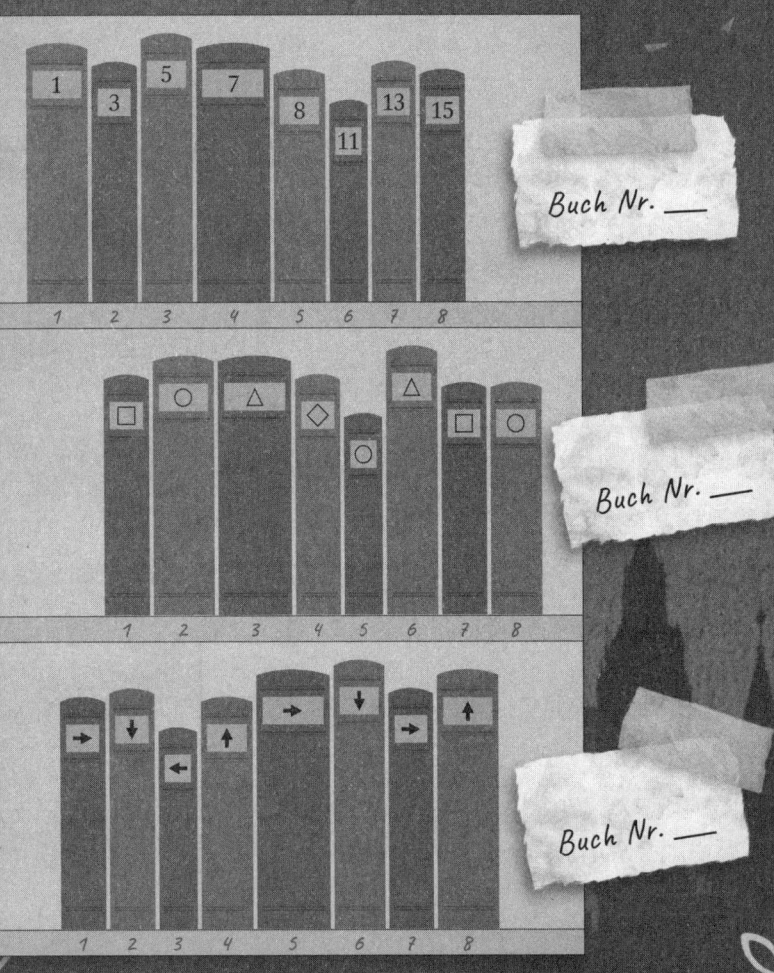

Buch Nr. ___

Buch Nr. ___

Buch Nr. ___

Die Magische Bibliothek

Und tatsächlich! Kaum dass Ivy aus der obersten Regalreihe das fünfte, aus der mittleren das vierte und aus der untersten Reihe das siebte Buch gezogen hatte, ertönte ein kaum wahrnehmbares Summen, und die Wand vibrierte ganz leicht. Dann fuhr sie erst mitsamt den Büchern ein Stück nach hinten und dann lautlos zur Seite. Vor ihnen öffnete sich ein schmaler Durchgang. Wenn man nicht genau hinsah, konnte man ihn von Weitem nicht erkennen. Kein Tourist, keine Wachfrau und auch kein Mitarbeiter der Bibliothek nahm offenbar wahr, was hier gerade geschah. Ivys Herzschlag beschleunigte sich, als sie in die gähnende Dunkelheit des Gangs vor sich blickte.

»Vortrefflich, Ivy. Nur Mut, ich gehe vor, bleib einfach direkt hinter mir.« Und schon machte Frederick einen Schritt durch die geheime Pforte und war im nächsten Moment verschwunden.

Ivy schluckte und blickte sich noch einmal um. Die Leute in der Galerie beugten sich nur über die Ausstellungsstücke, als wäre das das Aufregendste, was das Museum zu bieten hatte. Sie hatten keine Ahnung, was Ivy gerade im Begriff war zu tun, und irgendwie gefiel ihr der Gedanke. Also atmete sie einmal tief durch und folgte dann Frederick in die Dunkelheit.

Kaum hatte sie den Gang betreten, spürte sie einen Luftzug, wirbelte herum und sah gerade noch, wie die Wand hinter ihr wieder an ihren ursprünglichen Platz fuhr. Sie war eingesperrt! Doch bevor Panik in ihr aufkommen konnte, wurde die Dunkelheit von Hunderten Lichtern erhellt, die ihre Wärme in alle Richtungen ausstrahlten. Ivy musste blinzeln und erkannte, dass Frederick wenige Meter vor ihr an einer Art Brüstung stand. Als sie zu ihm ans Geländer trat, machte er eine ausladende Geste mit der Hand und deutete in die Tiefe.

»Herzlich willkommen in der Magischen Bibliothek!«

Kaum dass sich Ivys Augen an die plötzliche Helligkeit gewöhnt hatten, fielen sie ihr auch schon fast aus dem Kopf. Sie konnte nicht fassen, was sie da vor sich sah!

Die Treppen, die sich an den Wänden nach unten schraubten, führten zu unzähligen mit Büchern und anderen Gegenständen vollgestopften Ebenen immer weiter nach unten. Dazwischen flog etwas umher, das Ivy zuerst für Vögel gehalten hatte. Doch bei näherer Betrachtung stellte sie fest, dass die Luft nicht von Lebewesen, sondern von Papierfliegern erfüllt war. Sie blieb wie angewurzelt stehen, als einer davon pfeilschnell auf sie zuschoss und erst in letzter Sekunde in einer engen Kurve abbog.

»Huch, da hat es wohl jemand sehr eilig! Komm schon, ich

führe dich ein bisschen herum«, schlug Frederick gut gelaunt vor und machte sich daran, eine der Treppen hinunterzulaufen.

Wenn man Ivy fragte, dann ging es in Bibliotheken normalerweise wie auf Friedhöfen zu: Man verhält sich leise und geht seinen eigenen Angelegenheiten nach. Doch hier in der Magischen Bibliothek herrschte reges Treiben, Anweisungen wurden in präzisen Kommandos über die Flure gebellt, und der dicke Treppenläufer auf den Stufen konnte kaum die Schritte der umhereilenden Mitarbeitenden schlucken. Frederick und Ivy wurden immer wieder von ihnen auf der Treppe überholt. Sie alle waren in eine Art Uniform gekleidet: weiße Hemden mit Puffärmeln, darüber enge Westen in knalligen Farben mit blumigen Mustern darauf. Und allesamt trugen sie schneeweiße Handschuhe. Die Leute sahen fast so aus, als würden sie für die Queen arbeiten, schoss es Ivy durch den Kopf.

Zwischendurch erkannte sie auch einige Jungs und Mädchen, die nur ein paar Jahre älter als sie sein mussten. Die wiederum waren in eine ähnliche Schuluniform wie Frederick gekleidet. Er nickte ihnen nur kurz zu.

»Konkurrenz fürs Geschäft«, flüsterte er Ivy hinter vorgehaltener Hand zu. »Wir müssen nach ganz unten, dort liegt das Zentrum der Bibliothek!«

Und so passierten sie auf ihrem Weg die Abteilungen für Druckpressen und Drucktechniken seit dem 16. Jahrhundert, Schriften aus dem alten Ägypten, Zauberrunen der Pikten und eine Ebene, die allein die Werke der Gebrüder Grimm umfasste. Immer wieder entdeckte Ivy auf Holzvorsprüngen an den Wänden Skulpturen, die wie Wasserspeier aussahen. Solche hatte sie bisher nur außen an Kirchen gesehen.

Je näher sie dem Ende der Treppe kamen, desto mehr nahm die Lautstärke zu. Nach einer gefühlten Ewigkeit hatten sie es erreicht. Auch hier unten waren die Wände zwar von oben bis unten mit Bücherregalen vollgestellt, aber dazwischen standen auch immer wieder Möbelstücke, die seltsam fehl am Platz wirkten. Neben der staubigen Atmosphäre, die sonst in Bibliotheken herrschte, hatte dieser Teil auch ein bisschen etwas von einem Labor. Eine Mitarbeiterin trug über ihrer Uniform einen weißen Kittel und schob einen Rollwagen an Frederick vorbei. Darauf lagen fein säuberlich aufgereiht ein paar verschmutzte Füller.

»Vorsicht, Stifte zur Identifizierung, bitte den Weg freimachen!«, rief sie.

»Ah, bei diesen Exemplaren wird überprüft, wem sie früher einmal gehört haben und ob sie von größerem Wert sind«, erklärte Frederick.

»Und was ist das?«, fragte Ivy und zeigte auf die hohen Glaskästen und Podeste, die in der Mitte der Ebene standen.

»Tja, in denen befinden sich ein paar ganz erstaunliche Dinge. Das ist eine Auswahl von Originalmanuskripten – die wichtigsten Stücke der Magischen Bibliothek, womöglich von ganz London. Eigentlich werden sie im Herzen der Bibliothek gelagert, ein geheimer Raum voller Originale.«

Sie blieben vor einem Kasten stehen. Eine kleine Messingplakette verriet, dass es sich bei dem Ausstellungsstück um den Originaltext von Bram Stokers *Dracula* handelte – die berühmteste

Vampirgeschichte überhaupt. Das allein hätte Ivy keineswegs gewundert. Doch hinzu kam, dass der schwere Lederband nicht nur festgekettet war, sondern auch an einem Tropf hing, der unablässig eine rote Flüssigkeit in das Buch laufen ließ.

»Keine Sorge, tagsüber ist das Buch ganz ruhig und schläft. Nur nachts wachsen ihm Flügel, dann sollte man sich in Acht nehmen.«

Ja, klar. Ivy schnaubte, aber war sich nicht ganz sicher, ob Frederick einen Witz gemacht hatte. Daneben stand ein Podest, auf dem sich eine Art Aquarium befand. Zuerst dachte sie, dass darin ein Fisch schwamm. Doch dann erkannte sie, dass ein Buch seine Seiten in quallenähnlichen Bewegungen auf- und zuschlug, um damit durch das kühle Nass zu gleiten.

»*Die kleine Meerjungfrau* von Hans Christian Andersen«, las Ivy vor. »Müssten vom Wasser nicht die Seiten kaputtgehen und die Tinte verschmieren?« Ganz davon abgesehen, dass sich dieses Buch BEWEGTE!

Doch Frederick zuckte nur die Schultern. »Das ist kein normales Buch. Sondern ein Original – dafür gelten andere Gesetze. Übrigens eine Leihgabe aus Dänemark.«

Ivy konnte es nicht fassen. Sie wollte das nicht glauben, aber gleichzeitig schien ihr auch alles zu verrückt, um nicht wahr zu sein. Als sie auch noch ein Buch hinter dickem Panzerglas entdeckte, das Feuer spuckte, war sie sich sicher, dass sie den Verstand verlor.

»*Die geheime Drachenschule* von Emily Skye«, erklärte Frederick, als wäre es das Normalste der Welt.

»Wieso zeigst du deiner kleinen Freundin nicht die Lesebrille von Jane Austen, ein tolles Stück! Oder den Kleiderschrank, der nach Narnia führt?«, ertönte plötzlich eine Stimme neben ihnen, und zwischen dem Aquarium und dem Glaskasten mit dem Feuer spuckenden Buch trat ein Mann in einem Anzug hervor. Das Jackett schimmerte im Gegensatz zu den Westen der anderen Mitarbeitenden nicht in schillernden Farben, sondern war mit schwarzen, im Licht reflektierenden Pailletten besetzt. Der Mann lächelte und zeigte dabei alle Zähne, die er hatte. Das Lächeln kam Ivy etwas zu strahlend vor und blendete sie fast.

»Gestatten, Hannibal Collector, Oberster Bibliothekar der Magischen Bibliothek«, stellte er sich vor und hielt Ivy eine behandschuhte Hand hin.

»Olivia Bones – und definitiv nicht seine kleine Freundin«, gab Ivy zurück. Die Hand von diesem Collector schüttelte sie nur widerwillig. Und als sie merkte, dass sich seine Hand wie eine Klaue um ihre legte, drückte auch sie etwas fester zu, damit er gleich wusste, mit wem er es zu tun hatte.

Frederick nahm Haltung an und legte die Hände auf den Rücken. »Meine neue Assistentin – ich führe sie in der Bibliothek herum.«

Ivy stieß ihn in die Seite. »Ich hab noch gar nicht zugestimmt«, raunte sie ihm zu.

Collector zog eine Augenbraue hoch. »Ein wunderbarer Tag für eine Führung durch unsere geliebte Bibliothek, finden Sie nicht? Mr Skull, haben Sie den letzten Auftrag erfüllt?«

Frederick nickte. »Sehr wohl, Sir! Käpt'n Hook konnte in einen Stift gesaugt und gebannt werden. Wir sind gerade auf dem Weg, um die Tinte wieder in das Original zu träufeln.«

Wieder zeigte sich dieses strahlende Lächeln auf dem Gesicht des Obersten Bibliothekars. »Wunderbar, das Labor liegt genau auf meinem Weg. Sie können mir Käpt'n Hook einfach überlassen, dann kümmere ich mich persönlich darum.«

Fredericks Gesicht blieb ausdruckslos, doch seine Stimme klang einen Hauch zu gepresst. »Danke, Sir, aber das ist nicht nötig. Sie sind ein viel beschäftigter Mann, und ich möchte Ihre Zeit nicht über Gebühr in Anspruch nehmen.«

»Ich bestehe darauf.« Mit einem Schlag war Collectors schräges Lächeln vergangen, und Ivy konnte beobachten, wie innerhalb von Sekundenbruchteilen Blicke wie Blitze zwischen den beiden hin und her schossen. Irgendwann brach Frederick den Augenkontakt ab und griff unter seinen Mantel.

»Na schön. Wenn Sie darauf bestehen.« Er holte den Stift hervor und überreichte ihn dem Obersten Bibliothekar. Der nahm ihn mit seinen blütenweißen Handschuhen aus den Tintenklecksfingern von Frederick entgegen.

»Ein ganz prächtiges Exemplar! Die Restauratoren werden sich freuen. Nun denn, der nächste Termin wartet. Skull, ver-

gessen Sie nicht, einen neuen Auftrag mitzunehmen. Bones.«
Damit nickte er beiden zu und stürmte auch schon los.

Bevor Ivy eine ihrer Millionen Fragen loswerden konnte, donnerte Frederick los. »Dieser Collector ist ein Wiesel! Genau wie meine Mutter es immer gesagt hat. Warum sollte er mir auch diesen glorreichen Moment überlassen, die Tinte selbst zu übergeben? Vor seiner Zeit durften Tintenjäger noch dabei sein, wenn die Buchfiguren zurück in ihre Geschichten gegeben wurden.«

Als er in Ivys fragendes Gesicht blickte, fügte er schnell hinzu: »Das bedeutet, dass man ihre Tinte wieder in das Original laufen lässt. Ein schöner Moment, wenn die verblassten Namen der Figuren wieder mit neuer Kraft erstrahlen ... Nun gut!« Frederick zog den Knoten seiner Krawatte zurecht. »Dann streichen wir jetzt unsere Belohnung ein und holen uns den nächsten Auftrag.«

Und damit gingen sie zu einer Art Infoschalter, hinter dem eine Dame in dunkelroter Weste mit einer dick umrandeten glitzernden Brille saß. »Der Papierflieger hat mich bereits erreicht. Glückwunsch zu Ihrem Fang, Mr Skull. Hier ist Ihre Belohnung.« Damit stellte sie Frederick einen Scheck aus, den er in seinem Mantel verstaute. Als er Ivys fragenden Blick und die ausgestreckte Hand sah, zog Frederick ein paar Scheine aus einer anderen Manteltasche und reichte sie ihr.

»Hier, dein Anteil – 25 Prozent.«

»Frederick, ich habe mich diesem verrückten Typ mit dem Säbel gestellt und ihn gefangen!«

»Aber nur, weil ich dir gesagt habe, wie!«

»Das Risiko lag bei mir, komm schon!«

Widerwillig legte Frederick noch mal ein paar Scheine obendrauf. Ivy musste mindestens ein Jahr lang für so viel Geld sparen, das gefiel ihr.

»In Ordnung, aber sieh es als weiteren Anreiz, dass du dich mir anschließt! So, wir schnappen uns noch schnell meinen Papierflieger mit dem neuen Auftrag, und dann sind wir hier raus. Für heute hatte ich genug Collector.« Damit blickte sich Frederick suchend um und zeigte plötzlich in die Luft. »Da, den Papierflieger brauchen wir, der ist für mich! Kannst du ihn für uns fangen?«

Doch bevor Ivy auch nur die Chance hatte, den Papierflieger zu erwischen, der sowieso schon etwas angeschlagen aussah, geriet er in den Luftzug eines vorbeifahrenden Rollwagens, auf dem gerade eine überdimensionale Schreibmaschine transportiert wurde. Der Brief taumelte zu Boden, wo er im nächsten Moment unter einem zweiten Wagen mit einem Originalmanuskript, das offenbar unter Strom stand, landete und überfahren wurde.

Ivy eilte herbei und hob das Papier, das nur noch entfernt an einen Flieger erinnerte, in die Luft.

Frederick klopfte Ivy auf die Schulter. »Ich denke, wir müssen ihn wieder zusammenfalten, dann ist er fast wie neu!«

A OP CHE REE

M

P

3

17

T

5

Rätsel 7 ☠☠

Falte den Flieger wieder zusammen, und finde heraus, welchen Charakter Frederick und Ivy als Nächstes einfangen müssen.

CAN
RR
PIN
R

Y
S
Y
E

4

6

Auf dem Papierflieger steht:

_____

_____

_____

Über den Dächern Londons

M ary Poppins, 17 Cherry Tree Lane«, entzifferte Ivy, was auf dem Papierflieger stand. Sobald sie ihn losließ, schoss er wieder in die Höhe und davon.

»Oh je, Mary Poppins, die ist in diesem Jahr schon dreimal aus ihrer Geschichte ausgebrochen! Familie Banks wird ihr Kindermädchen sicherlich vermissen, wir müssen sie zurückbringen. Wahrscheinlich fliegt sie schon wieder mit ihrem Regenschirm von Dach zu Dach. Aber bevor wir uns auf die Suche nach ihr machen, müssen wir noch ein Päckchen abholen, und dann brauche ich erst mal eine Stärkung!«

Nicht weit von der British Library entfernt fanden sie ein kleines Teehaus, in dem nicht nur das duftende Heißgetränk in allen Geschmacks- und Kräuterrichtungen, sondern dazu auch noch fluffige Scones mit Erdbeer-, Heidelbeer- oder Himbeerkonfitüre und einem guten Löffel Schlagsahne serviert wurden. Die Aufregung des Tages hatte Ivy hungrig gemacht. Sie langte ordentlich zu, und innerhalb von Sekunden waren die ersten beiden Scones verschwunden.

Interessiert sah Frederick ihr dabei zu, dann räusperte er sich und stellte die Frage aller Fragen: »Also, Ivy, habe ich dich überzeugt? Glaubst du mir jetzt, und noch viel wichtiger – möchtest du für mich arbeiten?«

Darüber dachte sie noch eine Weile nach, während sie sich mit einer Serviette ein paar Krümel und Heidelbeermarmelade aus dem Mundwinkel wischte. Am Anfang hatte sie die ganze Geschichte wirklich für einen Streich ihrer Eltern gehalten, um ihr Bücher und das Fantastische wieder schmackhaft zu machen. Aber erst der Pirat, dann die Bibliothek, die Papierflieger ... All das konnte sie sich nicht anders erklären als mit ... Magie.

»Okay, ich glaube dir. Du hast mich überzeugt. Aber eine Sache muss dir klar sein: Ich bin ganz bestimmt nicht deine Gehilfin. Wenn du mit mir arbeiten willst, dann sind wir ab jetzt Partner! Keine Geheimnisse und keine Lügen! Und wir teilen die Gewinne 50/50.«

Frederick hätte sich fast an seinem Tee verschluckt. »Hälfte-Hälfte? Du bist neu im Geschäft! 70/30.«

»60/40«, schlug Ivy vor.

»Einverstanden!« Frederick holte den Vertrag aus seinem Mantel hervor, der unendlich viele Taschen haben musste. Dieses Mal wählte er einen anderen Stift aus seinem Etui, jener war dunkelblau mit hellen Punkten darauf – wie Sterne am Nachthimmel. Damit strich er erst das Wort »Assistenz« durch und tauschte es dann gegen »Partnerin« aus. Anschließend setzte Ivy feierlich ihre Unterschrift darunter.

»Vortrefflich! Dann steht hiermit unser erster offizieller gemeinsamer Auftrag an! Wir machen uns auf den Weg in die Cherry Tree Lane, und bevor ich's vergesse ...« Frederick zog das längliche Paket hervor, das er aus der Bibliothek mitgenommen hatte. Als er die Schnüre entfernte und das Papier zur Seite schob, kamen zwei unscheinbare Regenschirme zum Vorschein. Einen reichte er Ivy. »... den wirst du brauchen! Und ich gehe nicht davon aus, dass es regnen wird ...«

Die Cherry Tree Lane befand sich im Westen von London, im Stadtteil Chelsea direkt an der Themse. Ivy wusste von ihren Eltern, dass Chelsea ein feines Pflaster war – hier lebten hauptsächlich wohlhabende Familien. Das erkannte man auch an den schönen kleinen Parkanlagen, den Laternen, die aussahen, als müsste man sie abends noch von Hand anzünden, und den Häusern mit Vorgärten, deren Vordächer von weißen Säulen getragen wurden. Ein bisschen zu abgehoben für Ivys Geschmack. Frederick fühlte sich in diesen Straßen offenbar pudelwohl.

Hier also irgendwo musste Mary Poppins rumlaufen. Ivy erinnerte sich daran, was Frederick gesagt hatte. Dass sie bestimmt von Dach zu Dach springen würde. Also blickte sie zu den Kaminen der umstehenden Häuser hoch und versuchte, irgendwo eine Frau mit Regenschirm auszumachen.

Frederick war bester Laune und summte eine Melodie, die Ivy noch nie gehört hatte. Den Regenschirm hatte er sich mit dem Griff über den Arm gehängt.

»Da sind wir also«, fing Ivy an. »Und was tun wir jetzt?«

»Ich würde sagen, wir machen es uns da drüben auf dieser hübschen Parkbank bequem, trinken noch ein Tässchen Tee und behalten die Dächer im Blick.«

Das klang in Ivys Ohren wenig aufregend. »Aber ich dachte, wir verfolgen sie?«

»Tun wir auch, aber dafür muss sie erst mal auftauchen. Das da drüben«, Frederick zeigte auf ein Reihenhaus in einigen Metern Entfernung, »ist die Cherry Tree Lane 17. Dort wohnt in der Geschichte die Familie Banks. Du weißt schon, die Familie, um die sich Mary Poppins kümmert. Wahrscheinlich wird sie irgendwann auftauchen, klopfen und behaupten, dass sie dort wohnt. Die Anwohner haben sich schon öfter beschwert und halten es für einen blöden Scherz.«

Widerwillig ließ sich Ivy also neben Frederick auf die Bank fallen. Der kramte aus seinem Mantel zuerst seine Flieger-Sicherheitsbrille hervor, die er schon in seinem Arbeitszimmer getragen hatte, und setzte sie sich auf. »Allzeit bereit, weißt du?« Damit zwinkerte er Ivy durch die dicken Gläser zu und vertiefte sich in eine Zeitung, die jemand auf der Parkbank hatte liegen lassen.

Die Minuten zogen sich wie Kaugummi in die Länge, und Ivy wurde furchtbar langweilig. So hatte sie sich ihre Beschäftigung als Tintenjägerin nicht vorgestellt. Als sie nach gefühlten Stunden wieder zum Haus mit der Nummer 17 blickte, marschierte dort gerade eine Frau mit einem Korb und einem seltsamen Hut zielstrebig auf die Eingangstür zu.

»Das ist sie!«, stieß Ivy aus, knuffte Frederick in die Seite und rannte los.

»Warte, Ivy!«, rief er ihr noch hinterher, aber sie hatte nicht vor zu warten. Nicht dass ihnen das gewiefte Kindermädchen nachher entwischte!

Sie hatte die Frau eingeholt und griff nach ihrem Arm, woraufhin diese aufschrie. »Hab ich dich!«, rief Ivy triumphierend und wollte Frederick zu sich winken. Doch der schüttelte nur den Kopf und machte hektische Zeichen, die wohl so etwas wie »Abbruch« bedeuten sollten.

»Was soll das? Lass mich gefälligst los!«, sagte die Frau und riss wütend ihren Arm frei.

Bei genauerer Betrachtung stellte Ivy fest, dass diese Frau nichts mit der Mary Poppins gemein hatte, die sie aus den Geschichten kannte. Die Frau hatte graues Haar unter dem Hut, trug eine dicke Brille und war bestimmt schon über siebzig Jahre alt. »Äh, entschuldigen Sie, ich hab Sie mit jemandem verwechselt«, brachte Ivy zögerlich hervor.

Die Frau warf ihr noch einen wütenden Blick zu und stürmte dann davon.

Ivy ließ die Schultern hängen. Das war ja mal so was von schiefgegangen. Doch bevor sie zurück zu Frederick schlurfen konnte, segelte direkt vor ihrer Nase ein Kirschbaumblatt nach unten. Sie stutzte, blickte nach oben und sah gerade noch, wie eine Person auf dem Dach außer Sichtweite verschwand und mit ihrem Fuß noch ein paar Blätter hinuntertrat. Bingo!

»Da ist sie, Frederick! Schau nur, da oben!« Wieder wartete sie nicht auf ihn, sondern lief einfach los, entlang der Häuserreihe. Den Regenschirm, den Frederick ihr gegeben hatte, hielt sie fest mit der Rechten umklammert.

Als das letzte Haus an einer Querstraße endete, hob Ivy erneut den Blick und erkannte, wie eine Frau ihren Regenschirm aufspannte, vom Rand des Daches sprang und auf magische Weise über die Straße zur nächsten Häuserreihe segelte. Ivy hatte in den letzten Stunden zig Dinge gesehen, die sie nie für möglich gehalten hätte. Trotzdem konnte ihr Hirn kaum verarbeiten, was sie da beobachtete! Das widersprach allem, was Ivy in ihren Magazinen über Naturwissenschaften gelesen hatte.

»Mund zu und mir nach!«, rief Frederick, der sie mittlerweile eingeholt hatte. Er lief auf ein Haus zu, das von einem Baugerüst umgeben war, eine Leiter führte daran hinauf. Geschickt kletterte er daran hoch und Ivy etwas langsamer hinterher, da sich der Regenschirm ein paarmal verhakte.

Oben angekommen, breitete sich vor ihnen ein Meer aus Dächern und Schornsteinen aus. Und mit einigem Vorsprung vor ihnen sprang Mary Poppins von Haus zu Haus. Ihnen blieb nichts anderes übrig, als die Verfolgung aufzunehmen.

»Wir kesseln sie ein, du läufst rechts lang und ich links«, gab Frederick den Plan vor.

Ivy nickte und rannte los.

»Und vergiss nicht, du musst nur daran glauben, dass es funktioniert«, rief er ihr hinterher.

Meinte er wirklich, dass Ivy mit diesem alten, von Motten angenagten Regenschirm von einem Dach springen würde? Er musste verrückt sein. Ivy war keine Märchenfigur und stammte nicht aus irgendeiner zauberhaften Geschichte. Sie war einfach nur Olivia, Olivia Bones.

Sie schüttelte die Gedanken ab und hechtete weiter, der Lady mit dem schwarzen Regenschirm und dem lustigen Hut hinterher. Offenbar hatte die nicht mitbekommen, dass Ivy und Frederick sich aufgeteilt hatten, und schlug einen Pfad über die Dächer ein, der sie immer näher zu Ivy trieb. Die kletterte gerade über eine Reihe von Schornsteinen. Nun musste sie nur noch vom Rand des Daches auf ein kleineres Haus springen, dann würde sie direkt vor Mary Poppins landen. Was hatte Frederick gesagt? Ivy musste nur daran glauben, dass es funktionierte. Ihr blieb keine andere Wahl. Also spannte sie den Regenschirm im Lauf auf, machte die Augen zu und rannte weiter, bis sie keine Schindeln mehr unter ihren Füßen spürte.

Und tatsächlich! Sie flog mit dem Regenschirm durch die Luft! Es war magisch! Allerdings kam das darunterliegende Dach viel schneller näher als gedacht. Unsanft krachte Ivy darauf und schaffte es gerade noch, sich so abzurollen, dass sie sich nichts tat. Mit schlitternden Schuhen kam das Kindermädchen vor ihr zum Stehen. Wenige Meter dahinter war Frederick. Er holte aus und warf Ivy etwas zu. Sie fing gerade noch den fliederfarbenen Füller auf, bevor er vom Dach auf die Straße fallen konnte, und zielte mit ihm auf die Frau vor ihr.

»Es ist vorbei, Mary Poppins!«

Doch anstatt sich zu ergeben, ließ die ihre Tasche neben sich fallen und schlug zweimal mit der Regenschirmspitze aufs Dach. Im Nu hüpften vier angriffslustige Pinguine aus der Tasche und stellten sich schützend vor das Hausmädchen.

»Einer der Pinguine ist ihre Schwachstelle!«, rief Frederick. Ivy überlegte fieberhaft. Nur welcher von ihnen?

Welcher Pinguin ist Mary Poppins Schwachstelle?

☐ A   ☐ C
☐ B   ☐ D

Du hast Mary Poppins Schwachstelle herausgefunden? Super! Setze jetzt den kurzen Stift
beim entsprechenden Buchstaben A, B, C
oder D an und drehe ihn, bis du ein Bild
vervollständigst. Welches Bild ist es?

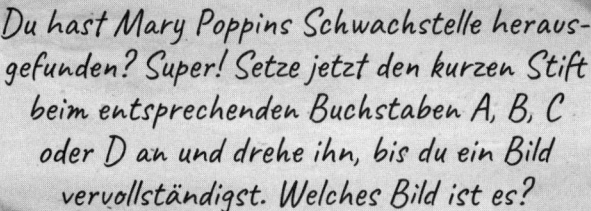

C

D

Das Symbol ist ein/eine: _____

A

B

Willkommen bei
Pensmith & ~~Inkman~~

Sobald Ivy den dritten Pinguin berührte, der in der Spiegelung eine weiße Fliege trug, verschwanden Mary Poppins und alle anderen Pinguine in einer Wolke aus Tinte, die nach und nach in den Stift gesogen wurde. Und schon stand Frederick bei Ivy, nahm den Füller entgegen und schaute sich das Symbol an, das auf der Patrone erschienen war.

»Ein Schirm, das passt!« Dann verstaute er den Stift samt Tintenpatrone in seinem Mäppchen.

Blättere nun auch zur Seite 191, und umrande dort mit einem Stift die Patrone, die das Schirm-Symbol zeigt.

»Du bist ein Naturtalent, Ivy!«, stellte Frederick fest.

»Ach, das war doch nichts«, winkte sie ab und spürte, wie ihre Wangen sich rot färbten.

»Aber natürlich! Du hast es nicht nur geschafft, dich Käpt'n Hook in einem gefährlichen Säbelduell mit einem Stift zu stellen, sondern bist auch noch todesmutig mit einem kaputten Regenschirm von einem Haus gesprungen, um Mary Poppins zu fangen.«

Wenn man es so formulierte, klang es tatsächlich nach einer ziemlich großen Leistung, und Ivy fühlte sich vielleicht ein kleines bisschen wie eine Heldin.

»Ich denke, du hast bewiesen, dass du einen eigenen Füller verdient hast! Das ist so etwas wie ein Abzeichen für jeden Tintenjäger. Schau, das ist meiner.« Dieses Mal zog Frederick nicht das Etui mit den zig Stiften aus seinem Mantel, sondern griff in die kleine Brusttasche von seinem Pullunder. Der Stift war aus blank poliertem schwarzem Metall, nichts Auffälliges also – bis auf den eingravierten Totenkopf natürlich.

»Und so einen bekomme ich auch?«, fragte Ivy.

»Viel besser, wir gehen jetzt zu Mrs Pensmith und Mr Inkman, wo du deinen ganz eigenen bekommst, der nur zu dir passt.«

Die Vorstellung, einen eigenen Füller zu haben, klang verlockend. Allerdings hatten sie schon den gesamten Tag miteinander verbracht, und es wurde langsam dunkel.

»Liegt der Laden denn auf dem Weg? Ich muss bald nach Hause – meine Eltern fragen sich sicherlich, wo ich bleibe.«

Frederick nickte. »Es ist nicht weit von hier, danach wird Winston dich nach Hause fahren!«

Und so standen sie nach wenigen Minuten in einer engen

unscheinbaren Seitengasse der King's Road vor Mrs Pensmiths und Mr Inkmans Laden. Auf dem dunkelgrünen hölzernen Schild über der Eingangstür strahlte ihnen in goldenen Lettern »Pensmith & Inkman – Die feinsten Füller und Fineliner im ganzen Königreich seit 1849« entgegen. Im Schaufenster konnte man bereits Schreibfedern und Füller bestaunen, die auf kleinen Samtkissen ausgestellt waren.

Frederick ging voraus und stieß die Tür auf, woraufhin das Bimmeln einer Ladenglocke ertönte.

»Hereinspaziert, hereinspaziert! Herzlich willkommen bei Pensmith und Inkman«, begrüßte sie ein gedrungener Mann mit einem außerordentlich großen Schnurrbart.

»Mr Inkman, schön, Sie wiederzusehen! Das hier ist meine Partnerin, Ivy Bones!«

»Frederick Skull, wie schön, dass Sie uns beehren! Und eine Freude, Sie kennenzulernen, Miss Ivy Bones.« Er deutete eine Verbeugung an und ließ seine Hosenträger auf sein Hemd flitschen.

Ivy nickte ihm zu und blickte sich dann im Laden um. An den Wänden befanden sich hölzerne Halterungen, in denen fein säuberlich Stift neben Stift und Fineliner neben Füller hingen. Aus dem hinteren Teil des Ladens drangen Geräusche und der Geruch wie aus einer Werkstatt zu ihnen herüber.

»Was kann ich für Sie tun? Benötigen Sie einen neuen Fineliner?«

»Da ich jetzt auch eine Tintenjägerin bin, brauche ich einen eigenen Füller«, entgegnete Ivy.

»Wie wunderbar, der erste eigene Füller! Dem wohnt eine ganz besondere Magie inne – Mrs Pensmith, kommen Sie doch mal, ich benötige Ihre Hilfe.«

Augenblicklich verstummte der Lärm im Hinterzimmer, und eine Frau erschien hinter dem Tresen. Sie war größer als Ivys Dad und trug eine lustige Schutzbrille auf dem Kopf, die an die Fliegerbrille von Frederick erinnerte. Sie hatte eine Schürze umgebunden und strahlte übers ganze Gesicht.

»Miss Ivy Bones ist hier, um ihren ersten Stift zu erhalten!«

»Wie wunderbar«, stimmte Mrs Pensmith ihrem Kollegen zu. Sie kam hinter dem Tresen hervor, zückte ein Maßband und hielt es von Ivys Kopf bis zu den Füßen, dann nahm sie die Maße von ihren Armen und Fingern. »Forscherin, nicht wahr? Immer einem Rätsel auf der Spur.«

»Stimmt, woher ...«

Sie gab Mr Inkman die Maße durch, dann untersuchte sie Ivys Hand mit einem Gerät, das Ivy entfernt an einen Zirkel erinnerte.

»Ein ganz klarer Fall«, meinte sie zu Mr Inkman, der stimmte ihr zu und lief sofort zu einer der Wandhalterungen. Wenige Augenblicke später hielt er eine kleine Schachtel in der Hand. Als er sie vorsichtig öffnete, lag darin ein grüner Stift, über den Ranken wucherten. Efeu, wie Ivy.

»Dieses schöne Stück ist aus Jade, die Feder wurde in Glasgow, Schottland, gefertigt – der Stift sollte Ihnen gute Dienste erweisen«, erklärte Mr Inkman.

»Versuchen Sie es mal«, ermunterte sie Mrs Pensmith.

Ivy nahm den Füller aus der Schachtel. Er fühlte sich ganz glatt und angenehm warm in ihrer Hand an.

»Drehen Sie an der Feder, ja, genau dort. Und jetzt ziehen, richtig! Da können sie die Patronen einlegen und entnehmen«, wies Mr Inkman sie an.

Sie konnte nicht sagen, warum, aber Ivy hatte das Gefühl, dass dieser Stift schon immer ihr gehört hatte.

»Er ist es, nicht wahr?«, fragte Mrs Pensmith und blickte Ivy erwartungsvoll an.

Als sie langsam nickte, waren die beiden ganz aus dem Häuschen und gratulierten sich gegenseitig, dass sie auf Anhieb den richtigen Füller ausgewählt hatten.

»Absolut wunderbar, das hätte nicht besser laufen können!«

Auch Frederick wirkte zufrieden. »Ich danke Ihnen beiden, die Rechnung geht bitte an die Bibliothek«, sagte er.

»Natürlich, Mr Skull! Können wir sonst noch etwas für Sie tun?«

»Nein, danke, aber Ivy und ich würden uns gerne noch etwas umsehen.«

»Selbstverständlich, es war uns eine Freude, Miss Bones, kommen Sie jederzeit vorbei, falls der Füller repariert werden muss oder einer Reinigung bedarf«, sagte Mr Inkman mit einem freundlichen Lächeln, das seinen Schnurrbart tanzen ließ.

Kaum dass die beiden sich entfernt hatten, wandte Frederick sich an Ivy. »Hast du noch den Brief, den ich dir geschrieben habe, dabei? Mit der Stellenanzeige?«

»Ja, klar! Wofür brauchst du ihn?« Ivy zog mit der freien Hand den knittrigen Brief aus der Tasche ihres Parkers. Offenbar hatte sie schon darauf gesessen.

»Ich hab das Gefühl, dass du ein besonders geschicktes Händchen für Rätsel hast – und ich wollte dich bitten, ob du mal einen Blick darauf werfen könntest!«

Frederick nahm den Brief entgegen, entfaltete ihn und zeigte auf eine ganz bestimmte Stelle. »Du hast die Magische Bibliothek gesehen, kennst das Geheimnis der Stifte und hast jetzt sogar einen eigenen Füller – ich vertraue dir. Du musst wissen, dass meine Mutter verschwunden ist. Um genau zu sein, ist sie vor einem Jahr urplötzlich verschwunden. Scheinbar war sie auf der Suche nach einem Originaltext. Das Einzige, was sie mir zurückgelassen hat, ist dieses Briefpapier und das Buch hier.« Damit zog er ein Buch aus seinem Mantel und drückte es Ivy in die Hand. Daneben hielt er den Brief, wie als gäbe es eine unsichtbare Verbindung dazwischen.

Klar, ihre Familie ging Ivy ziemlich oft mit ihrer Schrulligkeit auf den Keks, aber dass jemand von ihnen plötzlich verschwinden würde ... Nein, das wollte sie sich nicht vorstellen!

Frederick zuckte die Schultern. »Ich weiß auch nicht, aber vielleicht kannst du ja entschlüsseln, was das zu bedeuten hat. Und vielleicht kann dir dabei der Füller helfen.«

Ivy wusste nicht, was Frederick von ihr erwartete. Er war ein bisschen durchgeknallt, und dass er ihr nach nicht mal einem Tag vertraute, war ganz schön leichtsinnig. Aber irgendwie wollte sie ihm helfen oder es zumindest versuchen.

»Okay, dann wollen wir doch mal sehen, was es mit diesem Rätsel auf sich hat!« Sie sah sich den Brief und die Formen darauf an. Irgendwie kamen sie ihr bekannt vor, vielleicht hatte sie sie schon mal gesehen ...

Rätsel 9 ☠☠

Schau dir den Hinweis ganz genau an. Worauf könnte er deuten, und wo müssen Ivy und Frederick die Suche nach seiner Mutter beginnen?

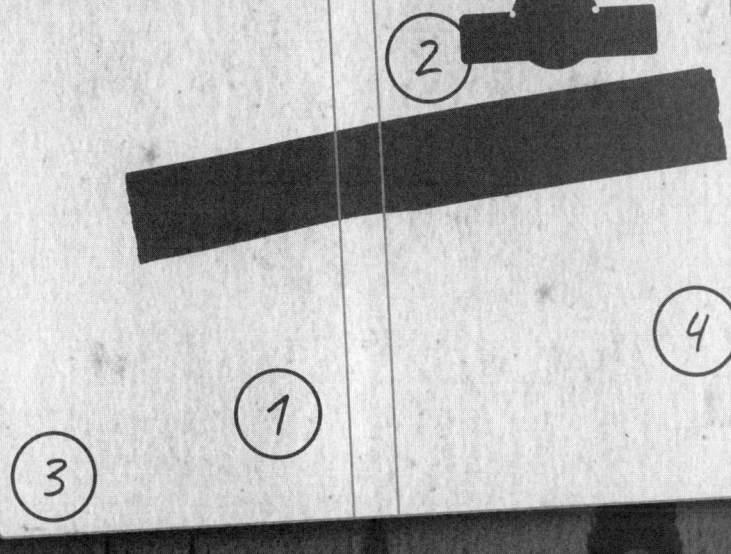

Die Lösung lautet:

_____

Fish & Chips

*I*vy starrte auf den Brief und grübelte. Dann kam ihr eine
Idee! Sie drehte und wendete das Buch in ihren Händen,
fuhr mit den Fingern darüber und hielt es gegen das Licht. Und
tatsächlich entdeckte sie hier und dort vier Buchstaben. In der
richtigen Reihenfolge ergaben sie: »WOTW«, las Ivy vor.

»Das ist es!« Frederick war hellauf begeistert. Doch im nächsten Moment runzelte er die Stirn. »Aber wofür könnte das nur
stehen?« Genau wie bei ihrem ersten Treffen in seinem Arbeitszimmer schob er seine Zungenspitze durch die Zahnlücke seiner Schneidezähne und dachte offenbar angestrengt nach.

Ivy ging im Kopf alle Kombinationen durch, die auch nur
annähernd Sinn ergaben. Da kam ihr eine Idee. »Es gibt doch
diese Buchhandlung, ein Hausboot, das auf dem Regentenkanal schwimmt. Meine Eltern wollten auch immer eine schwim-
mende Buchhandlung haben!«

Schlagartig hellte sich Fredericks Miene auf. »Du bist genial!
WOTW steht für *Word on the Water*, also Wörter auf dem Wasser. Meine Mutter war ständig dort. Sie ist mit der Buchhändle-
rin befreundet. Die kennt sich mit Originalmanuskripten aus
und hat öfter welche für die Bibliothek aufgetrieben.«

»Dann haben wir wohl einen Anhaltspunkt!« Ivy grinste zufrieden.

»Jawohl, den haben wir! Lass uns am besten sofort aufbrechen, der Tag ist noch jung!« Er blickte auf eine uralte Taschenuhr, die an einer langen Kette hing, die wiederum in seinem Mantel verschwand.

Doch Ivy schüttelte den Kopf. »Der Tag ist überhaupt nicht mehr jung, es ist stockdunkel draußen. Ich muss nach Hause zu meiner Familie!«

»Oh, deine Familie, ja klar«, murmelte Frederick und steckte die Uhr wieder weg. »Nun gut, ich bringe dich nach Hause. Wir treffen uns morgen um Punkt zehn Uhr bei *Word on the Water* – einverstanden?«

Natürlich war sie das. Allerdings ließ sie sich nicht von Frederick oder dessen Butler Winston nach Hause bringen. Sie schaffte es schon selbst mit der Underground ins East End.

Als Ivy die Wohnungstür aufschloss, schlug ihr der Duft von Fritten und gebackenem Fisch entgegen. Neben der Buchhandlung ihrer Eltern war ein kleiner Fish&Chips-Laden, dort hatte Ivy früher immer eine kostenlose Portion Fritten bekommen. Offenbar hatten ihre Eltern heute etwas von dort mitgebracht.

»Ivy, da bist du ja endlich! Wir haben uns tierisch Sorgen gemacht!« Ihre Mum erschien in der Tür zum Wohnzimmer und hatte die Hände in die Seiten gestemmt.

»'tschuldige, Mum«, nuschelte Ivy, schlüpfte aus ihren Schuhen und hing die Jacke auf. »Ich war mit einem ... Freund unterwegs. Und du wirst es nicht glauben, aber ich habe einen Job!«

Das Gesicht ihrer Mutter wurde weicher, und sie drückte Ivy so fest an sich, dass ihr fast die Luft wegblieb. »In Ordnung, aber gib das nächste Mal wenigstens Viola Bescheid, wo du bist, und sei vor dem Abendessen zurück. Komm, wir haben dir noch etwas übrig gelassen. Und dann erzählst du uns, was das für ein Job ist.«

Es war noch ein angeknabberter Fisch übrig, den ihre Eltern nur mit Mühe Rupert hatten entreißen können, bevor er ihn auch noch verputzt hätte. Die Pommes waren zwar etwas kalt, aber ordentlich salzig, so, wie Ivy sie mochte.

»Also es ist so, ich arbeite ... in einer Bibliothek«, erklärte Ivy und ließ die Details lieber weg, was sie dort genau tat. Ihre Eltern würden es wahrscheinlich eh nicht glauben, außerdem hatte sie Frederick versprochen, es geheim zu halten.

»In einer Bibliothek? Das ist ja großartig!«, fand ihr Paps, der sich zu ihnen an den Tisch setzte, während Rupert und Gregory bereits vom Tisch aufstanden, um vor dem Schlafengehen noch etwas zu spielen. Viola hatte sich längst in ihr gemeinsames Zimmer verdrückt.

»Dann trittst du ja in die Fußstapfen der Familie! Welche ist es denn?«, wollte er wissen.

»Ähm, ich helfe in der British Library aus ...« Das war nicht gelogen und auch nicht ganz richtig, aber mehr durfte sie nun wirklich nicht verraten.

»Wow, Ivy, das ist ja toll. Eine schöne Beschäftigung für die Ferien. Da bekommst du bestimmt viele spannende Einblicke hinter die Kulissen!« Ihre Eltern strahlten. Sie schienen total glücklich, dass Ivy endlich ihre Leidenschaft für Bücher wiederentdeckt hatte. Und auf eine seltsame Art hatte sie das ja auch.

Während sie mit ihren Eltern am Tisch saß, musste sie an Frederick denken. Klar, er hatte Winston, aber er musste seine Mutter schrecklich vermissen. Offenbar hatte er auch keine Geschwister – Ivy könnte ihm gerne einen ihrer Brüder ausleihen. Bei dem Gedanken musste sie grinsen.

Nach dem Essen kramte sie aus ihrer Jacke den Füller von Pensmith & Inkman und ihr Notizbuch hervor und verkrümelte sich damit in ihr Zimmer.

»Wo warst du? Mum und Paps haben sich Sorgen gemacht«, begrüßte Viola sie und blickte hinter einem dicken Buch hoch.

»Ich war mit einem Freund in der Stadt unterwegs, nichts Großartiges«, wich Ivy der Frage aus.

Das schien Viola nicht wirklich zu überzeugen, aber sie beließ es vorerst dabei. »Na schön, aber morgen bist du dran, die Jungs zu Mrs Kensington zu bringen.«

Ivy nickte und kletterte auf das Hochbett. Im Schein ihrer Nachtlampe betrachtete sie den Füller noch einmal ganz genau und fuhr mit dem Finger die verschnörkelten Efeuranken nach. Immer noch fühlte er sich warm an, und wenn man ihn vorsichtig im Licht hin und her drehte, sah es sogar so aus, als würde er funkeln.

Vielleicht sollte Ivy ihn einfach testen. Früher hatte sie sich mit ihrer Grandma Geschichten erzählt, und als Ivy noch nicht schreiben konnte, hatte Grandma sie aufgeschrieben. Sie hatte ebenfalls eine Vielzahl an Füllern und anderen Stiften besessen, die überall im Haus verteilt herumgelegen hatten. Denn Ivys Großmutter war der Meinung gewesen, dass gute Ideen flüchtig und scheu wie Rehe waren und man sie sofort an Ort und Stelle aufschreiben sollte, bevor sie entschwinden konnten. Und manchmal hatte es sich so angefühlt, als wären ihre Geschichten lebendig geworden. Als gäbe es wirklich sockenfressende Monster, die unten im Waschkeller Unsinn anstellten, und Gartenkobolde, die sich um die Rosen im Vorgarten kümmerten, wenn sie nicht gerade auf Fröschen ritten.

Ein Lächeln huschte über Ivys Gesicht, und sie beschloss, den Füller einmal auszuprobieren. Also beugte sie sich über das Fußende des Hochbetts und bekam auf dem kleinen Schreibtisch ihren Holzfüller zu fassen, mit dem sie sonst in der Schule schrieb. Den schraubte sie auseinander und setzte vorsichtig die Patrone in den neuen Füller ein. Sorgsam drehte sie die Metallfeder wieder darauf fest und schlug das Forschungstagebuch auf ihrem Schoß auf.

Der Füller verharrte in der Luft über der leeren Seite. Obwohl sie nicht wusste, was sie schreiben sollte und was sie erwartete, fühlte es sich an wie der Beginn einer großartigen Geschichte. Sie wollte sich etwas ausdenken, das ihrer Grandma gefallen hätte – und Frederick, dem Jungen, der sie in all das verwickelt hatte. Vielleicht würde Ivy morgen aufwachen, und alles war nur ein Traum gewesen. Aber vielleicht schlug sie auch morgen die Augen auf, und das größte Abenteuer ihres Lebens erwartete sie. Ein letztes Mal atmete sie tief ein, dann berührte der Stift das Papier, und sie begann zu schreiben. Dabei dachte sie an ein Wesen, das Grandma und sie sich früher einmal ausgedacht hatten, einen Minuskel. Ein magisches Wesen, das ein bisschen an ein kleines Äffchen erinnerte, ganz schön vorwitzig war, aber immer für Viola und Ivy da war, wenn sie Hilfe brauchten.

Kaum dass Ivy das Wort »Minuskel« geschrieben hatte, begann der Stift zu zittern und zu klecksen. Fast hätte Ivy ihn fallen gelassen. Doch da erkannte sie, dass die Kleckse nicht willkürlich waren. Als sie genau hinsah, konnte sie es eindeutig erkennen!

Schau dir die Kleckse an,
erkennst du den Minuskel?

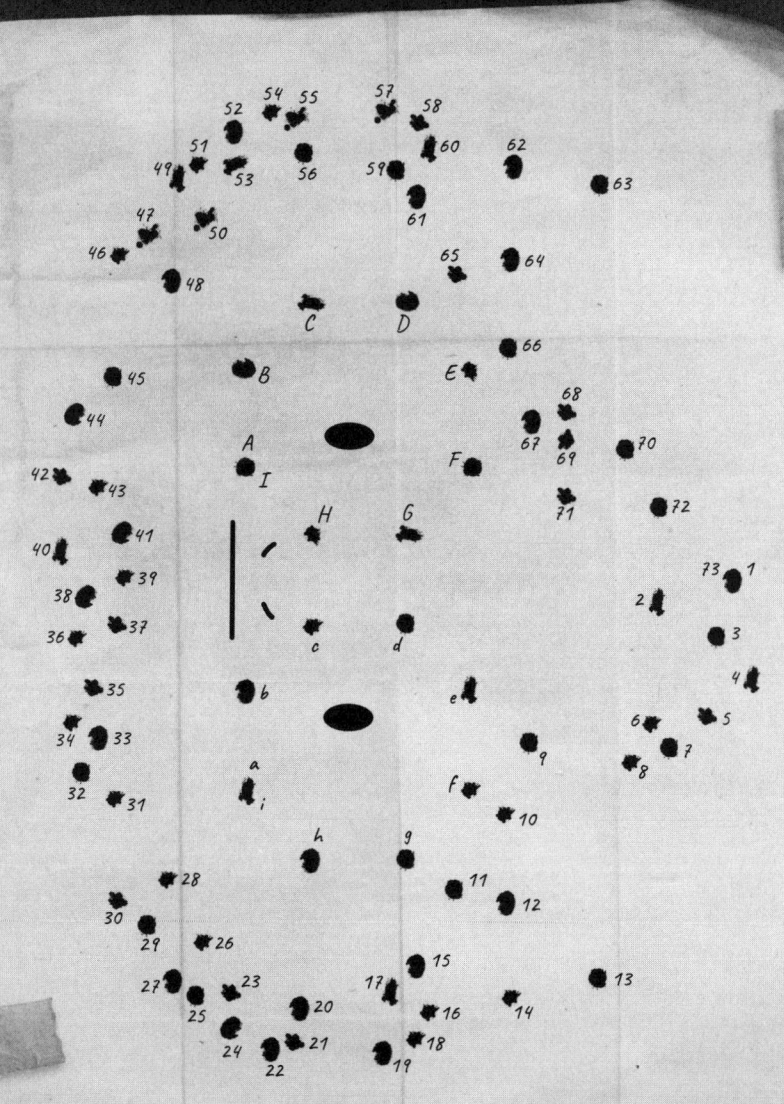

Wer zuletzt lacht ...

Mit einem herzhaften Gähnen fuhr Ivy aus dem Schlaf hoch und schlug mit der Faust auf ihren Wecker.

Viola grunzte von unten. »He, es sind Ferien. Stell den Wecker aus!«

»Jaja, schon passiert«, nuschelte Ivy zurück und rieb sich über die Augen.

In der Nacht hatte sie von einem Wesen geträumt, das Grandma und sie »Minuskel« getauft hatten. Es konnte mit einem Kopfsprung in Bücher abtauchen wie in ein mit Wasser gefülltes Schwimmbecken. Wenn es von einem Ort zum anderen lief, hinterließen seine Füße Abdrücke in Form von klecksigen Buchstaben, die verrückte Wörter ergaben, von denen Ivy noch nie gehört, geschweige denn gelesen hatte.

Moment mal! Und mit einem Schlag war Ivy hellwach. Sie richtete sich auf und griff unter ihr Kopfkissen, wo ihr Notizbuch lag. Sie schlug es auf, doch ihr gähnten nur leere weiße Seiten entgegen. Hatte sie sich all das nur eingebildet? Die Magische Bibliothek, den kauzigen Jungen namens Frederick Skull, die Verfolgungsjagd über die Dächer Londons, das Tintenkleckswesen mit den lustigen Ohren und den großen runden Augen? Mit ihrer Hand ertastete sie unter dem Kissen noch einen anderen glatten und warmen Gegenstand. Es war ein grüner Füller, der über und über mit Efeuranken bedeckt war. Was zum ...

Da klingelte es schrill an der Wohnungstür. Kurze Zeit später linste ihr Paps ins Zimmer. »Psst, Ivy, da ist Besuch für dich. Weck deine Schwester nicht auf!«.

»Zu spät«, kam es von unten.

Ivy kletterte vom Hochbett hinunter und huschte nur in ihrem Pyjama aus dem Zimmer.

Nein, es war kein Traum gewesen. In der Tür stand niemand anders als Frederick Skull. Er grinste Ivy schief an und blickte auf seine Taschenuhr. »Entschuldige die frühe Störung, Ivy. Aber wir haben einen neuen Fall. Die Buchhandlung muss warten!«

Ivys Vater, der ebenfalls neben der Tür stand, zog eine Augenbraue hoch. »Hab ich das gerade richtig verstanden? Ihr wollt in eine Buchhandlung?«

Doch Ivy griff nach der Tür, sagte noch: »Gib mir fünf Minuten!«, und schlug sie vor Fredericks Nase zu. Dann öffnete sie sie wieder mit einem Ruck. »Okay, lieber zehn! Ich muss meine Brüder noch zu unserer Nachbarin bringen!« Und ohne auf eine Antwort zu warten, warf sie die Tür wieder ins Schloss.

Elf Minuten später saßen Ivy und Frederick in der Limousine der Familie Skull. Dieses Mal hatte Frederick sie gar nicht erst gefragt und Winston direkt gebeten, sie zu ihrem Einsatzort zu fahren. Woher Frederick überhaupt ihre Adresse hatte, war ihr ein Rätsel.

»Eine reizende Familie hast du da«, merkte er an, und Ivy war sich nicht sicher, ob er es ernst oder als Scherz meinte.

»Um welchen Fall oder, besser gesagt, um welche Figur handelt es sich denn?«, wechselte sie daher das Thema.

Frederick griff in seine Manteltasche und förderte ein Buch zutage, das er ihr hinhielt. Darauf zu sehen war ein Mädchen in einem Kleid, das einem weißen Kaninchen mit einer Taschenuhr hinterherlief. Unwillkürlich musste Ivy an Fredericks Taschenuhr denken. Bei dem Buch handelte es sich um *Alice im Wunderland* von Lewis Caroll. Ein Klassiker, den jedes Kind kannte. Auch ihre Grandma hatte oft daraus vorgelesen.

»Sollen wir Alice mit einem Tintentrank verzaubern oder mit dem verrückten Hutmacher eine Tasse Tee trinken? Vielleicht müssen wir aber auch das weiße Kaninchen fangen, bevor es in seinem Bau verschwinden kann?«, riet Ivy.

»Nah dran, aber nicht ganz.« Frederick schlug das Buch auf und deutete auf ein Wort, das im Gegensatz zum Rest der Geschichte kaum zu lesen war und mit jeder Sekunde blasser wurde. »Hier müsste eigentlich *Grinsekatze* stehen, aber offenbar ist sie aus dem Buch entwischt. Die Bibliothek ist ihr schon länger auf den Fersen und hat den Hinweis bekommen, dass eine ziemlich dicke Katze ihr Unwesen im Regentenpark treibt und dort Spazierende mit ihrem plötzlichen Auftauchen erschreckt.«

Ivy nickte. »Brauchen wir für den Auftrag irgendwelche Extras? Wie die Regenschirme?«

»Abgesehen von dem hier«, Frederick steckte das Buch zurück und zog den Stift mit der Gravur »LC« aus seinem Etui, den er Ivy schon einmal gezeigt hatte – er hatte Lewis Carroll gehört, »befürchte ich, dass uns nur unser wacher Verstand helfen kann. Erst mal müssen wir die Grinsekatze überhaupt finden, und sie ist dafür bekannt, in Rätseln zu sprechen.«

Nachdem sie den Londoner Stadtverkehr hinter sich gebracht hatten, ließ Winston die beiden am Eingangstor des Regentenparks aussteigen. Heute Morgen war der Butler besonders wortkarg gegenüber Ivy gewesen – offenbar ein Morgenmuffel.

Der Park befand sich nördlich der Bibliothek und beherbergte neben dem Japanischen Garten und dem Rosengarten der Queen auch den Londoner Zoo. Ein schwarzes Tor mit goldenen Verzierungen stand einladend offen.

Sie liefen hindurch, und Frederick schlug einen Weg ein, der sie in die Richtung des Japanischen Gartens brachte.

»Dort ist es besonders verwinkelt, und auch die Parkanlage drum herum bietet perfekte Möglichkeiten, um sich zu verstecken«, erklärte er.

Ivy deutete auf ein paar penibel gestutzte Buchsbaumhecken. »Und die Hecken hier haben etwas von einem Labyrinth wie im Schlossgarten der Herzkönigin.«

»Absolut! Wir sollten aufpassen, dass uns gleich kein Igel-Golfball trifft!« Und zum ersten Mal sah Ivy, wie Frederick nicht nur grinste, sondern richtig lachte.

Dann entschieden sie, sich wieder aufzuteilen. Frederick wollte sich im von Wasser umgebenen Japanischen Garten umsehen, während Ivy sich auf den Weg zum Rosengarten machte.

Dieses Mal hatte sie sogar ihren eigenen Stift dabei, denn vielleicht würde er heute auch direkt zum Einsatz kommen. Frederick hatte vorsichtshalber den von Lewis Carroll behalten. Woher sollten sie auch wissen, wer zuerst auf die Katze traf?

Zunächst fiel Ivy nichts Ungewöhnliches auf. Es war zwar noch recht früh am Morgen, aber die ersten Joggerinnen und Spaziergänger waren bereits auf den Beinen und liefen durch die verwinkelte Anlage. Ivy versuchte, auf jedes ungewöhnliche Geräusch und jede Bewegung zu achten, aber meistens waren es nur Fehlalarme: Eichhörnchen, die über den Weg huschten, Vögel, die durch Beete hüpften, und darüber das Rauschen des entfernten Verkehrs.

Als Ivy schon aufgeben und zum Eingang des Parks zurückgehen wollte, hörte sie plötzlich einen Schrei – und nahm die Beine in die Hand.

»Ich sag Ihnen doch, da vorne hinter den Blumen ist plötzlich diese Katze aufgetaucht! Sie hat mich angegrinst und mir die Zunge rausgestreckt«, erklärte ein älterer Herr einer Frau mit Hund an der Leine, die ihm offenbar beim Aufstehen geholfen hatte, nachdem er gestürzt war. Ivy kam genau zur rechten Zeit.

»Entschuldigen Sie, Sir, aber wo haben Sie die Katze gesehen? Sie ... ist unserer Nachbarin entlaufen«, behauptete sie.

Der Mann wies mit seiner zittrigen Hand auf einen kleinen Weg, der hinter einem Rosenbeet verschwand. Ivy folgte dem Pfad und versuchte, zwischen den Hecken etwas zu erkennen.

»Nun, manche nehmen diesen Weg und manche gehen den anderen Weg. Aber ich persönlich bevorzuge die Abkürzung.«

»Ich danke Ihnen für den Tipp, aber ich suche keine Abkürzung, sondern eine Katze!« Mit diesen Worten drehte sich Ivy in die Richtung, aus der die Stimme gekommen war.

Doch da standen weder der Mann, der gestürzt war, noch die Frau mit der Bulldogge. Auf dem tief hängenden Ast eines Baumes thronte eine runde graue Katze. Ihre großen Augen blickten Ivy an, und auf ihrem Gesicht machte sich ein ausladendes Grinsen breit, das von einem Ohr bis zum anderen reichte.

»Die Grinsekatze!«, stieß Ivy aus und konnte es kaum glauben, dass die Katze aus *Alice im Wunderland* sie gerade angesprochen hatte.

»Ja, so werde ich von manchen genannt. Oder Cheshire Cat, wie es dir beliebt!«

Ivy zückte ihren Stift und hielt ihn vor sich.

»Na, na, was hast du damit vor, Alice?«, fragte die Katze. Ihre türkisfarbenen Augen funkelten.

»Ich bin nicht Alice, mein Name ist Olivia, und ich bringe dich zurück in deine Geschichte. Wer soll sonst der richtigen Alice den Weg weisen?«

Die Grinsekatze drehte sich auf den Rücken und streckte sich. »Aber ich finde es hier ausgesprochen gemütlich. Außerdem denke ich, dass du nur den richtigen Weg finden kannst, wenn du weißt, wo du hinmöchtest.«

Ivy verstand nun, was Frederick damit gemeint hatte, dass die Katze gerne in Rätseln sprach. Und offenbar hatte sie genug davon, sich mit Ivy zu unterhalten, denn ihre Umrisse wurden immer durchsichtiger. Nur das Grinsen mit den spitzen Zähnen

blieb weiterhin klar sichtbar und schwebte in der Luft. Bevor sie ganz verschwinden konnte, wagte Ivy noch einen Versuch.

»Was hältst du von einem kleinen Spiel?«, fragte sie.

»Ein Spiel?«, wiederholte die Grinsekatze. »Etwa Minigolf mit einem Flamingo als Schläger? Nein, danke, das spielt die Herzkönigin immerzu!«

Doch Ivy schüttelte den Kopf. »Du magst doch Rätsel! Was hältst du davon: Du stellst mir ein Rätsel – wenn ich es lösen kann, darf ich dich zurück in deine Welt bringen.«

Eine Weile überlegte die Katze. Dann waren ihre Umrisse mit einem Mal wieder klar zu erkennen, und das Tier nickte. »Also schön! Ich werde mir ein Rätsel ausdenken, auf dessen Lösung du niemals kommen wirst!«

So langsam fragte sich Ivy, wann Frederick bemerken würde, dass sie nicht zum vereinbarten Treffpunkt am Tor zurückgekehrt war. Ein bisschen Unterstützung bei diesem Duell der Rätsel könnte sicherlich nicht schaden. Sie pustete sich eine Strähne aus dem Gesicht und krempelte die Ärmel ihres Parkers hoch. Weit und breit kein Frederick in Sicht. Sie musste sich dieser Herausforderung wohl allein stellen.

»Na, dann schieß mal los!«

»Der erste Vogel trägt ein prächtig Federkleid, wenn er ein Rad schlägt, werden alle grün vor Neid!

Der zweite Vogel steht auf einem Bein, muss beim Igelgolf der Schläger sein.

Der dritte Vogel ist ein diebisch Ding, klaut, was glitzert, Kron' und Ring.

Vom ersten Vogel nimm die ersten beiden Buchstaben, vom zweiten den letzten und vom dritten Vogel den vierten und fünften. Nach welchem Wort suche ich?«

Rätsel 11 ☠☠☠

Löse das Rätsel, das die Grinsekatze
Ivy stellt, um herauszufinden,
was ihre Schwachstelle ist.

Der erste Vogel heißt:

_____

Der zweite Vogel heißt: _____

Der dritte Vogel heißt: _____

Die Schwachstelle der Grinsekatze lautet:

_____

Du hast die Schwachstelle der Grinsekatze herausgefunden? Super! Setze jetzt den Efeu-stift beim Anfangsbuchstaben des Lösungs-worts an und drehe ihn, bis du ein Bild vervollständigst. Welches Bild ist es?

S

E

P

M

Das Symbol ist ein/eine: _____

Von schwimmenden Büchern

Das Rätsel war tatsächlich ziemlich knifflig, Ivy war sich nicht ganz sicher, ob sie mit jedem Vogel richtiglag.

»Komm schon, Alice, die Zeit rennt«, trällerte die Katze.

Da wurde es Ivy mit einem Mal klar! »Der Pfau kann seine Federn aufstellen, der Flamingo ist beim Igelgolf der Schläger. Und ein diebischer Vogel muss die Elster sein! Dann ist das Lösungswort ...« Ivy dachte angestrengt nach.

»Dir läuft die Zeit davon!«

»Pfote!«, stieß Ivy aus. »Die Lösung lautet Pfote!«

Die Grinsekatze wirkte kein bisschen böse, dass Ivy ihr Rätsel gelöst hatte, sondern hielt ihr wie versprochen die Tatze hin. Sobald Ivy die Katze mit ihrem Füller an der Pfote angetippt hatte, lösten sich ihre Umrisse in einem dichten Tintennebel auf. Nach und nach verschwand er in der Stiftspitze, bis zu guter Letzt nur noch das breite Grinsen einen Augenblick lang in der Luft schwebte. Dann war auch das verschwunden.

Ivy stieß den Atem aus, den sie angehalten hatte. Sie hatte es geschafft! Jetzt konnten sie die Grinsekatze der Bibliothek übergeben, um sie in ihre Geschichte zurückzubringen. Alice würde sich freuen, die Katze wieder an der Seite zu haben.

Zufrieden und auch ein bisschen stolz auf sich selbst lief Ivy zurück zum Tor. Dort lehnte bereits Frederick, der immer wieder auf seine Taschenuhr blickte. Als er sie sah, schien auch er erleichtert zu sein.

»Du bist spät!«, stellte er fest.

»Eigentlich bin ich genau pünktlich«, gab sie zurück und hielt den Füller hoch, der von etwas umgeben war, das wie funkelnde Staubkörner aussah. Ihr Lächeln musste mindestens so breit sein wie das der Grinsekatze.

»Olivia Bones, du steckst voller Überraschungen!«, staunte Frederick. Dann nahm er die Patrone mit dem breiten Grinsen der Katze darauf von Ivy entgegen, um sie später in der Bibliothek abzugeben.

Blättere nun auch zur Seite 191, und umrande dort mit einem Stift die Patrone, die das Grinsen-Symbol zeigt.

»Auftrag erfüllt! Dann können wir jetzt zur Buchhandlung *Word on the Water* fahren und dort nach einem Hinweis zu deiner Mutter forschen.«

Frederick nickte. »Nichts wie los. Ich habe das Gefühl, dass wir beide zusammen eine echte Chance haben, sie wiederzufinden!«

Keine Viertelstunde später setzte Winston Ivy und Frederick am

Regentenkanal ab, der östlich vom Park lag. Die Buchhandlung befand sich auf einem langen, etwas heruntergekommenen Holzboot, dessen Seiten wie kleine Verkaufsstände aussahen, auf denen alle möglichen Bücher auslagen: Kochbücher, Krimis, Sachbücher übers Gärtnern, ein paar Kinderbücher. Eine kleine Rampe führte ins Innere des Bootes, und genau auf den Eingang steuerte Frederick zielstrebig zu.

»Audrey, bist du da?«, rief er hinein, bevor er eintrat.

Ivy lief hinterher und betrat eine Art Vorzimmer. Zu ihrer Linken stand ein Sofa, zur Rechten ein rot gepolsterter Sessel, umrahmt war alles von Bücherregalen, und von der Decke hingen Zeichnungen an Wäscheleinen. Überall, wo sonst noch Platz war, standen Kuriositäten herum wie ein hölzerner Papagei, eine alte Schreibmaschine oder eine Wanduhr, die rückwärtslief. Ein seltsamer, aber auch urgemütlicher Raum. Neben dem Sessel befand sich ein Abgang unter Deck. Dort verschwand nun auch Frederick.

»Frederick? Wie schön, dich zu sehen!«

Als Ivy die wenigen Treppenstufen hinabging, stand ihnen eine Frau in einem Blümchenkleid gegenüber, über dem sie einen dicken roten Cardigan trug. Hinter ihrer Brille strahlten Ivy freundliche Augen entgegen. Doch irgendwie beschlich sie auch ein seltsames Gefühl. Es kitzelte in ihrem Nacken, so als würde sie jemand beobachten. Eine unangenehme Erinnerung an einen Piraten stieg in ihr auf.

Auch hier unten stapelten sich Holzkisten übereinander, die Platz für unzählige Bücher boten.

»Das muss ja Ewigkeiten her sein! Bist du hier für ein neues Originalmanuskript? Ich habe schon lange keins mehr gefunden, die Suche danach wird immer schwieriger. Wie geht es deiner Mutter, Penelope?«

Ihr freundliches Lächeln erstarb, als sie sah, wie Frederick den Kopf schüttelte. Er machte einen Schritt auf sie zu und raunte: »Sie ist verschwunden, aber sie hat mir Hinweise hinterlassen. Hinweise, die mich direkt zu dir geführt haben.« Er faltete den Brief auseinander mit dem Rätsel, das auf die Buchhandlung gewiesen hatte.

Audrey nickte. »Sie hatte befürchtet, dass das eines Tages passieren würde. Für diesen Fall hat sie hier etwas für dich hinterlegt, einen Moment.« Und damit begann sie, in den Regalen nach etwas ganz Bestimmtem zu suchen. Die Brille rutschte ihr fast von der Nase, als sie sich unter einen kleinen Tisch bückte und schließlich eine Kiste, nicht größer als ein Schuhkarton, hervorzog.

Sie stellte die Kiste auf den Tisch, der ihr offenbar auch als Verkaufstresen diente. Dann holte sie Luft und pustete die dicke Staubschicht von ihrem Deckel. »Es ist schon eine ganze Zeit lang her, dass sie mir das hier für dich anvertraut hat.« Damit hob sie den Deckel ab, und ein Buch kam zum Vorschein. Auf dem Umschlag war der große Uhrenturm von London abgebildet, Big Ben. Es war ein stinknormaler Reiseführer von London.

Ehrfürchtig blätterte Frederick durch die Seiten. Er war voller Karten und Fotos, aber offenbar nichts, das ihm einen konkreten Anhaltspunkt lieferte. »Was könnte Mum damit nur gemeint haben?«, fragte er an niemanden direkt gerichtet.

Audrey zuckte nur die Schultern. »Du kennst deine Mutter, sie liebt Geschichten und Rätsel. Ich möchte wetten, dass sich darin noch etwas vor deinen Augen verbirgt. Du musst nur zwischen den Zeilen lesen.«

Da steckte eine Kundin den Kopf in den Laden und stellte eine Frage zu einem Buch über die Corgis der Queen. Audrey entschuldigte sich bei Frederick und Ivy und folgte der Dame nach draußen.

Nun waren sie also wieder allein im kleinen Boot-Laden, und Ivy blickte sich misstrauisch darin um. Immer noch hatte sie das Gefühl, dass sie eben nicht allein waren, sondern dass sich hier noch jemand herumtrieb.

Frederick ließ sich mit dem Reiseführer auf das nächstbeste Sofa fallen und versuchte, sich einen Reim darauf zu machen, was seine Mutter ihm damit sagen wollte. Währenddessen nutzte Ivy die Zeit und ließ ihren Blick über die Kinderbuchabteilung wandern. Die meisten Bücher kannte sie natürlich von ihren Eltern.

Nur aus dem Augenwinkel nahm sie eine Bewegung wahr. »Hast du das gesehen, Frederick?«, fragte sie.

Doch der war so in das Buch vertieft, dass er ihr nicht mal antwortete.

Da war es wieder! Ivy war sich sicher, dass etwas unter dem Tresen verschwunden war. Sie nahm all ihren Mut zusammen, bückte sich und hätte fast geschrien, als ihr gelbe Augen mit schmalen schwarzen Pupillen aus dem Halbdunkel entgegenleuchteten. Puh! Es war nur eine Katze – und nicht mal eine

Grinsekatze, die aus dem Wunderland abgehauen war, sondern eine
ganz gewöhnliche strubbelige Haus-
katze. Vorsichtig streckte Ivy die Hand
aus und streichelte ihr weiches Fell.

Als sie sich wieder aufrichtete, blieb
ihr allerdings die Spucke weg! Direkt
vor ihrer Nase baumelte ein Wesen, das
verdächtig nach einem Äffchen aussah.
Sein Fell war blau, bis auf die Ringel
an seinem Schwanz, der gut dreimal
so lang war wie es selbst, und den weißen Bauch. Es war nicht größer als Ivys
Hand. Hätte es einfach so da gehangen, hätte sie es vielleicht für
ein Stofftier halten könnten. Doch dann machte sich ein Grinsen
auf seinem Gesicht breit, das nicht nur scharfe Zähne entblößte,
sondern auch überhaupt nichts mehr mit einem Plüschtier zu
tun hatte. Und da erkannte sie, was oder wen sie vor sich hatte:
Es war das Wesen, das sie sich letzte Nacht ausgedacht hatte!
Die Worte waren zwar verschwunden, aber der kleine Minuskel
war lebendig geworden!

»Äh, Frederick ... D-das solltest du dir ganz dringend ansehen! Sofort!«, setzte sie noch hinterher.

Und die Dringlichkeit in ihrer Stimme ließ sogar Frederick
von seinem Reiseführer aufschauen. Achtlos landete der Band
auf dem Sofa neben ihm. »Na, wen haben wir denn da?«, fragte
er. Eilig zog er seine Fliegerbrille aus dem Mantel und setzte sie

sich auf, wie um besser sehen zu können. Damit nahm Frederick das Wesen genau unter die Lupe.

»Das ist ja höchst interessant! So einen habe ich noch nie gesehen. Aus welchem Buch kann er nur abgehauen sein?«

Ivy verschränkte die Hände hinterm Rücken und blickte schuldbewusst zu Boden, während sich das Wesen auf die Tischplatte hatte plumpsen lassen und sich nun unter den Armen kratzte. Seine Pfötchen waren dunkelblau gesprenkelt, fast schwarz – so als hätte es sie in Tinte getaucht.

»Ja, also das war so …«, fing Ivy an. »Vielleicht habe ich eine Tintenpatrone in meinen neuen Stift eingesetzt und etwas geschrieben. Nun ja, und heute Morgen waren die Worte verschwunden, und dieser Kerl muss sich wohl in meine Tasche geschmuggelt haben.«

Frederick blickte durch die großen Gläser der Fliegerbrille, wodurch seine Augen riesig aussahen. »Außergewöhnlich! Was ist es?«

»Also meine Großmutter und ich haben so etwas einen Minuskel genannt. Müssen wir es jetzt wieder in einen Stift saugen und zur Bibliothek bringen?« Ivy mochte sich das gar nicht vorstellen, irgendwie war das Wesen so knuffig, wie es die Füße von der Tischkante baumeln ließ. Sie streckte die Hand nach dem Kleinen aus, woraufhin der an ihr schnupperte und dann darauf hüpfte. Seine Füße fühlten sich warm und auch etwas glitschig an. Mit dem Zeigefinger der anderen Hand kitzelte sie ihm den Bauch. Dann richtete er sich plötzlich auf, sprang in die Höhe und landete auf der Couch genau neben dem Reiseführer.

»Was hat es vor?«, fragte Frederick besorgt, doch Ivy hielt ihn zurück. Der Minuskel beschnupperte nun ebenfalls das Buch, dann kletterte er darauf, schlug es auf und stampfte mit den Füßen darauf herum.

»He, Vorsicht!« Frederick riss sich los und schob das Wesen von dem Buch.

Ivy nahm es schützend auf den Arm und setzte es in die Tasche ihres Mantels, sodass es hinausgucken konnte. »Ich glaube, er will uns helfen«, überlegte sie. Plötzlich entdeckte sie etwas auf ihrer linken Hand. Dort, wo der Minuskel entlanggelaufen war, hatte er keine Fußabdrücke hinterlassen, sondern Buchstaben! »Frederick! Sieh nur!«

Rätsel 12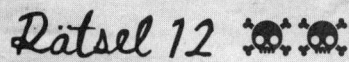

Was will der Minuskel Ivy und
Frederick sagen? Folge den
Tintenklecksen!

119

Hierhin führt die Spur aus Tintenklecksen:

_____

Nur ein Marmeladenbrot

Das, was der Minuskel in dem Reiseführer hinterlassen hatte, ergab »F6«. Ivy hatte einen Geistesblitz. »Was wäre, wenn es sich bei den Buchstaben um Koordinaten handelt?«

Frederick sah ihr interessiert zu, wie sie den Reiseführer in die Hand nahm und auf Seite 195 zum Stadtplan von London blätterte. Und tatsächlich: Alles deutete auf den Leicester Square im West End von London hin.

Frederick konnte seine Aufregung kaum verbergen, er strahlte wie ein Honigkuchenpferd. »Dann nichts wie los!«

Dieses Mal hatten Ivy und Frederick darauf verzichtet, sich von Winston durch die Stadt kurven zu lassen. Und so stiegen sie kurze Zeit später die Stufen der U-Bahn-Station vom Leicester Square hoch und kamen direkt neben einem von Ivys Lieblingskinos heraus.

Frederick nahm einen tiefen Atemzug, streckte die Arme aus und drehte sich einmal um die eigene Achse. »Hmmm, das duftet doch einfach herrlich! Nach frischem Popcorn, der Druckertinte von Eintrittskarten und nach wunderbaren Geschichten! Ich war schon ewig nicht mehr im Kino!«, stellte er fest. »Alten Kinos wohnt ein ganz besonderer Zauber inne, findest du nicht auch?«

Da konnte Ivy ihm nur zustimmen. »Früher sind wir immer mit der ganzen Familie kurz vor Weihnachten hierhingekommen, um uns einen Film anzusehen.«

»Und wieso macht ihr das heute nicht mehr? Das klingt doch nach einer wunderbaren Tradition.«

Ivy zuckte mit den Schultern. »Seit meine Grandma nicht mehr da ist, ist es nicht mehr dasselbe ...« Trotz der schönen Erinnerungen wurde ihr schwer ums Herz.

»Das tut mir leid«, sagte Frederick.

Doch Ivy lief schnell weiter, um den Gedanken abzuschütteln. Ein Blick in ihre Jackentasche verriet ihr, dass der Minuskel von alldem nichts mitbekam. Er schlummerte friedlich, wobei kleine Buchstaben um seinen Kopf herumflogen. Sie musste sich noch einen Namen für ihn ausdenken, oder vielleicht hatte er ja auch einen! Bei der nächsten Gelegenheit würde sie ihn danach fragen.

Der Park war nur ein paar Gehminuten von der Station entfernt, und auf ihrem Weg liefen sie an weiteren Kinos vorbei. Da kam Ivy ein Gedanke: »Kann es eigentlich auch passieren, dass Figuren aus Filmen ausbrechen? Und gibt es Leute wie uns, die sie wieder einfangen?«

»Nicht, dass ich wüsste ... Aber falls es doch schon mal passiert ist, dann hat sich die Filmfigur sicherlich hier versteckt.« Sie waren gerade an der kleinen umzäunten Parkanlage angekommen, in deren Mitte sich ein Brunnen befand. »Denn neben dem berühmtesten Dichter und Denker, Shakespeare«, Frederick zeigte auf die Statue ganz oben auf dem Brunnen, »tummeln sich hier auch noch alle möglichen anderen bekannten Gesichter. Sieh mal da!«

Und tatsächlich – versteckt zwischen Blumen und ein paar Sträuchern entdeckte Ivy eine Bronzestatue von einem nur allzu bekannten Hasen: Bugs Bunny. »Der ist mir vorher noch nie aufgefallen«, stellte sie staunend fest. »Und da drüben, da sitzt Mr Bean auf der Bank! Und da, das ist Mary Poppins!«

»Scharfes Auge, Miss Bones«, sagte Frederick und stellte sich vor die Statue von William Shakespeare. Er kramte in seiner Manteltasche herum, holte eine ungestopfte Pfeife hervor und steckte sie sich in den Mund. Er sah ein bisschen wie ein junger Sherlock Holmes aus, wie er mit hinter dem Rücken verschränkten Armen um den Brunnen herumlief. »Hier muss doch irgendwo der nächste Hinweis sein«, murmelte er vor sich hin und holte dann auch noch seine Fliegerbrille hervor, mit der er jeden Zentimeter der Statue absuchte.

Ivy ließ sich derweil auf eine Bank direkt neben die Bronzestatue von Paddington Bär fallen. Der trug seinen charakteristischen Fischerhut und hielt in beiden Händen ein Brot. Wahrscheinlich mit Orangenmarmelade, dachte Ivy bei sich, so wie in den Geschichten. Von hier aus hatte sie den Park bestens im Blick. Wo würde sie einen weiteren Hinweis verstecken? Sie dachte darüber nach, den Minuskel zu wecken, vielleicht könnte er ihnen ja weiterhelfen. Doch im nächsten Moment ließ sich jemand direkt neben sie plumpsen. Ivy machte einen kleinen Hüpfer auf der Bank.

»Oh, entschuldigen Sie, ich dachte mir, dass hier noch ein Plätzchen frei ist«, sagte eine Stimme neben ihr.

»Kein Problem«, gab Ivy zurück und warf nur einen flüchtigen Blick hinüber. Die Person neben ihr trug eine blaue Jacke. Und hatte sie da einen roten Fischerhut gesehen? Sie versuchte, so unauffällig wie möglich wieder hinüberzulinsen. Ja, eindeutig! Aber das Merkwürdigste war, dass die Füße nicht in Schuhen steckten, sondern von Fell bedeckt waren! Ivys Herz machte einen Sprung.

»Gestatten, Paddington Bär«, sagte der Bär neben ihr und hielt ihr die haarige Pfote hin. Er lächelte freundlich und zeigte dabei seine Bärenzähne. »Ein wunderbarer Tag, nicht wahr?«

Wie in Trance reichte Ivy ihm die Hand und schüttelte seine Pfote.

»Oh, ja, ein wunderbarer und etwas schräger Tag«, gab sie zurück. Ivys Gedanken begannen zu rasen – was sollte sie tun? Sollte sie ihren Stift ziehen und Paddington direkt einsaugen? Oder sollte sie nach Frederick rufen? Doch der betrachtete immer noch eingehend den Brunnen und drückte hier und dort auf ein paar steinernen Delfinen herum, so als dachte er, dass sich dahinter ein Geheimgang befände.

»Ist das Ihr Freund, der sich so seltsam verhält?«, fragte Paddington.

»*Freund* würde ich nicht direkt sagen, er ist mein Partner«, gab Ivy zurück. Vielleicht war es ja auch kein Zufall, dass sie ausgerechnet hier auf eine Buchfigur traf.

In aller Seelenruhe holte Paddington aus seinem Koffer ein Marmeladenbrot heraus und biss genüsslich hinein. Orangenmarmelade lief an seinem Schnäuzchen hinunter und tropfte

auf seine Jacke. »Auch einen Bissen?«, fragte er und hielt es Ivy hin.

»Nein, danke, aber Ihnen läuft da etwas runter.«

»Oh, wie ungeschickt von mir! Können Sie mir die Serviette dort reichen?« Paddington zeigte auf eine Serviette, die scheinbar aus der Jackentasche von Bronze-Paddington hing. Ivy griff danach und stellte fest, dass man daran drehen konnte wie an einem Mechanismus. Und mit einem Klacken sprang die oberste Scheibe von dem Bronze-Sandwich auf und gab den Blick auf einen Zettel preis.

»Das ist ja ganz erstaunlich!«, befand Paddington, dem immer noch Marmelade am Kinn klebte. Überrascht sprang er von der Bank auf, wobei ihm sein Sandwich aus der Hand und genau in den halb geöffneten Koffer fiel.

Auch Ivy war ganz begeistert. Sie griff nach dem Zettel und entfaltete ihn. »Frederick, das solltest du dir ansehen!«, rief sie schließlich zu ihrem Partner, der überrascht aufblickte. Seine Augen wurden noch größer, als er erkannte, dass Ivy neben einem Paddington aus Bronze und einem echten aus Tinte saß.

»Guten Tag, Mr Paddington, schön, Ihre Bekanntschaft zu machen!«, sagte er, als er herübergekommen war.

»Die Freude ist ganz meinerseits!«, antwortete der Bär.

Seltsamerweise schien er nicht vor ihnen davonlaufen zu wollen wie Mary Poppins. »Ich hab das Gefühl, ich bin nur auf der Durchreise.«

Frederick nickte. »Das denke ich auch. Sie müssen nach Hause.«

»Nach Peru?«

»In Ihre Geschichte«, half Ivy. Am liebsten hätte sie noch mehr Zeit mit dem Bären verbracht, schließlich hatte er ihnen geholfen, einen weiteren Hinweis zu finden. Aber ein Blick zu Frederick verriet ihr, dass sie Paddington wieder zurückbringen mussten, damit auch andere Menschen seine Geschichte lesen konnten und sie nicht verblasste. Also nahm sie ihren Stift aus der Jackentasche. »Danke, dass Sie uns geholfen haben!«

»Es war mir eine Freude! Ähm, würde es Ihnen etwas ausmachen, mir noch gerade dabei zu helfen, mein Toastbrot wiederzufinden? Mir ist meins leider in den Koffer gefallen, und da herrscht ein wahres Durcheinander.«

Ivy blickte zu Frederick hinüber. Scheinbar konnte er genauso wenig wie sie diesem freundlichen Bären den Wunsch abschlagen.

Also warfen sie einen Blick in den Koffer und stellten fest, dass er bis zum Rand mit angebissenen Sandwiches gefüllt war.

»Entschuldigen Sie, ich habe einen Hang zum Knabbern.«

Das richtige Sandwich für Paddington ausfindig zu machen, war gar nicht so einfach.

Rätsel 13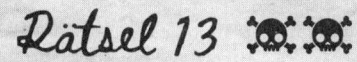

Finde heraus, welches Sandwich aus der Reihe fällt. Das muss Paddingtons Schwachstelle sein.

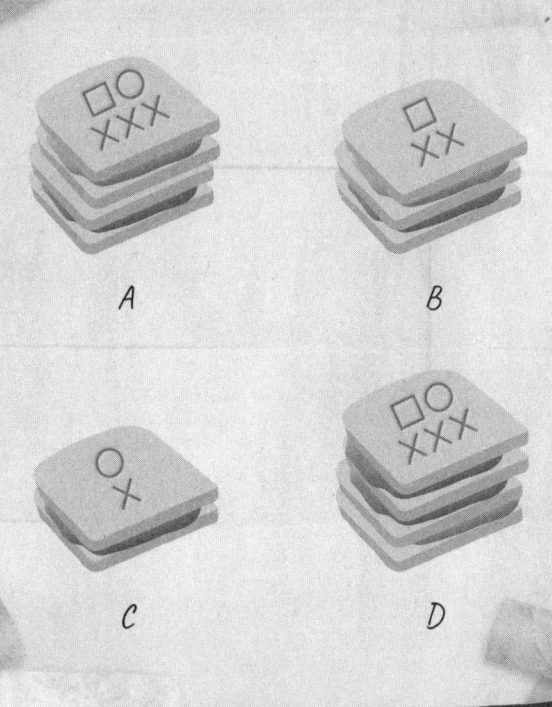

A

B

C

D

☐ A   ☐ C
☐ B   ☐ D

A
•

Du hast Paddingtons Schwachstelle
herausgefunden? Super! Setze jetzt den Efeu-
stift beim entsprechenden Buchstaben A, B,
C oder D an und drehe ihn, bis du ein Bild
vervollständigst. Welches Bild ist es?

D
•

•
C

B
•

Das Symbol ist ein/eine: _____

Der perfekte Einbruch

Ivy überreichte Paddington das Sandwich mit den vier Scheiben Brot und zweimal Marmelade. Der stopfte es sich genüsslich in den Mund. Ivy zog ihren Stift hervor und berührte damit noch die letzte Ecke des Sandwiches, woraufhin sich Brot und Bär in eine Wolke aus Tinte auflösten und verschwanden. Gegen einen Toast mit Marmelade hätte Ivy nun auch nichts einzuwenden. Ein bisschen traurig um Paddington war sie schon, als sie den Stift aufschraubte und sich die Patrone mit der Tatze darauf ansah. Aber sie wusste, dass er in seine Geschichte gehörte.

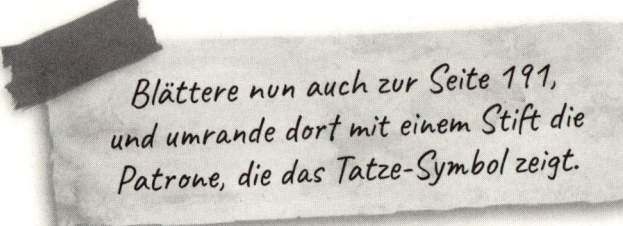

Blättere nun auch zur Seite 191, und umrande dort mit einem Stift die Patrone, die das Tatze-Symbol zeigt.

»Das ist nun mal unser Job«, sagte Frederick, so als hätte er ihre Gedanken gelesen. »Seltsam, dass wir ihn hier getroffen haben. Ich hatte keinen neuen Auftrag der Bibliothek, womöglich ist sein Verschwinden bisher nicht aufgefallen.«

Ivy übergab Frederick die Patrone, damit er sie später in die Magische Bibliothek bringen konnte. Dann erinnerte sie sich an den Zettel aus der Statue und hielt ihn Frederick hin. Darauf war die Zeichnung eines Stifts zu sehen. »Und was hat das hier zu bedeuten? Ich glaube, das hat dir deine Mutter hinterlassen.«

»Ich habe diesen Stift schon einmal gesehen. Er befindet sich in der Magischen Bibliothek«, sagte Frederick und sah dabei gar nicht glücklich aus.

»Aber das ist doch großartig! Dann gehen wir einfach dorthin und holen ihn uns!«, fand Ivy.

Doch Fredericks Miene verdüsterte sich nur noch mehr. »Das hier ist ein ganz besonderer Stift. Niemand weiß, wem er mal gehört hat. Und er eignet sich auch nicht dazu, Buchfiguren einzufangen. Er ... hat seinen eigenen Willen.«

Das klang spannend und auch ein bisschen gefährlich, fand Ivy. »Okay, aber deine Mutter wollte, dass wir ihn finden und benutzen.«

»Schon, aber da kommen wir zu Problem Nummer zwei.« Frederick legte eine dramatische Pause ein. »Er befindet sich in der Privatsammlung des Obersten Bibliothekars, er gehört Hannibal Collector. Und wie gesagt, traue ich ihm so wenig wie ...«, er stemmte die Hände in die Seiten, »jemandem, der absichtlich Eselsohren in Bücher macht. Seit er die Bibliothek leitet, ist nicht nur meine Mutter verschwunden, die Anzahl der ausgebrochenen Buchfiguren hat sich verdreifacht. Ich denke, wir müssen in die Bibliothek einbrechen und den Stift stehlen.«

Ivy konnte kaum glauben, was sie da hörte. »Aber wie sollen

wir das anstellen? Und was glaubst du, werden sie mit uns machen, wenn sie uns erwischen?«

Frederick zuckte nur die Schultern. »Ich weiß, dass ich das nicht von dir verlangen kann. Wir kennen uns erst seit zwei Tagen, und ich habe dich schon genug Gefahren ausgesetzt. Aber wenn ich meine Mutter wiedersehen will, dann muss ich das einfach tun.«

Ivy brauchte einen Moment, um darüber nachzudenken. So hatte sie sich ihre Ferien und ihren neuen Job nicht vorgestellt. Aber irgendwie wusste sie, dass Frederick recht hatte – er musste das tun. Und Ivy konnte ihn das doch nicht allein machen lassen. Wann immer sie ein Problem hatte oder etwas in der Schule mies lief, konnte sie ihre Eltern um Hilfe bitten – selbst Viola hatte ihr schon aus der Patsche geholfen. Aber Winston war alt, und abgesehen von ihr hatte Frederick sonst niemanden mehr.

»Einverstanden.«

Ein verwegenes Grinsen machte sich auf Fredericks Gesicht breit. »Großartig! Dann machen wir es heute Abend – wir gehen kurz vor der Schließung in die British Library, dort verstecken wir uns. Und dann brechen wir in die Magische Bibliothek ein.«

»Alles klar, aber vorher brauche ich definitiv eine Pause mit Tee und Keksen. Und ich muss meine Eltern anrufen, sonst drehen sie mir den Hals um.«

Pünktlich um Viertel vor fünf standen Ivy und Frederick gestärkt und satt vor der British Library. Ivy hatte ihren Eltern am

Telefon erzählt, dass sie bei ihrer Schulfreundin Amy übernachten würde. Dass die mit ihren Eltern gerade Urlaub in Portugal machte, hatte sie dabei natürlich verschwiegen.

Als sie dieses Mal die Bibliothek betraten, zeigte Frederick keinen Ausweis vor, sondern kaufte ganz regulär zwei Tickets – wahrscheinlich um ihre Spuren zu verwischen.

»Seid ihr euch sicher, Kinder? Die Bibliothek schließt in einer Viertelstunde!«, erklärte ihnen noch die Frau am Ticketschalter.

Aber Ivy und Frederick waren sich sicher.

Auf direktem Wege liefen sie in die Galerie der Schätze. Und in einem unbemerkten Moment gab Frederick Ivy das Zeichen, unter eine der Ausstellungsvitrinen im hinteren Teil der Galerie zu kriechen. Kurze Zeit später folgte er selbst. Und dann hieß es warten. Sie warteten, bis alle Besucher den Raum verlassen hatten und die Museumswärterin ihre letzte Runde gedreht hatte. Das Licht wurde gedimmt, und nur das Surren der Belüftungsanlage war noch zu hören.

Frederick nickte Ivy zu. Sie krochen unter der Vitrine wieder hervor und schlichen dieses Mal nicht zu der Bücherwand mit dem geheimen Durchgang. Frederick hielt auf einen der Lüftungsschächte zu, der sich ein paar Meter daneben in der Wand befand.

Als er sich daran zu schaffen machte und die Verkleidung abnahm, konnte Ivy nicht mehr an sich halten und flüsterte ihm zu: »Du willst dich doch nicht etwa dadurch nach unten abseilen?«

Doch Frederick schüttelte den Kopf. »Selbstverständlich nicht, oder siehst du hier irgendwo ein Seil? Wir rutschen hinunter!« Und damit schlüpfte er Füße voran in die Dunkelheit und war verschwunden.

Am liebsten hätte Ivy laut geflucht. Aber dafür stand zu viel auf dem Spiel. Also kletterte sie ebenfalls in den Schacht, zog das Gitter hinter sich zu und rutschte auf dem Po einen guten Meter nach vorne. Langsam nahm sie Fahrt auf, und plötzlich knickte der Schacht steil nach unten ab. Ivy musste einen Schrei unterdrücken, als sie wie auf einer Wasserrutsche nach unten schoss. Es fühlte sich an, als würde der Schacht immer wieder nach links und rechts abbiegen. War das gerade eben ein Looping gewesen?

Plötzlich sah sie in der Dunkelheit ein Licht aufblitzen, und als es rasend schnell näher kam, erkannte sie, dass ihr der Kopf von Frederick entgegenblickte.

Im nächsten Moment schoss sie aus der Öffnung und landete halb auf einem Berg alter Putzlappen und halb in Fredericks Arm.

»War das nicht ein Spaß?«, fragte er. Sein Mantel war voller Flusen, und auf dem Kopf hatten sich ein paar Spinnweben verfangen. Ivy musste wohl ähnlich aussehen.

»Ein Riesenspaß, keine Frage«, gab sie zurück, wobei ihr von der Rutschpartie noch etwas schlecht war. »Wo sind wir? In einer Rumpelkammer?«

»So etwas in der Art, wir sind in einer Abstellkammer«, antwortete Frederick. »Wenn mich die alten Pläne der Bibliothek nicht täuschen, die ich zufällig in dem Buch von meiner Mutter mit den Karten gefunden habe, dann müssten wir uns auf derselben Etage befinden, wo auch das Büro von Collector liegt.«

Bei dem Gedanken, den gruseligen Typ mit dem Zahnpasta-lächeln zu bestehlen, breitete sich eine Gänsehaut auf Ivys Armen aus. Frederick stieß die Tür nur einen Spaltbreit auf, lugte nach draußen und bedeutete ihr dann, dass die Luft rein war.

In gebückter Haltung machten sie sich auf den Weg. Es waren nur noch ein paar wenige Bibliothekare unterwegs, die mit altertümlichen Laternen über die Gänge des alten Gebäudes liefen. Wann immer sie etwas hörten, tauchten Ivy und Frederick hinter Regalen, Globen und Lesesesseln ab. In welcher Abteilung genau sie sich befanden, konnte Ivy nicht sagen.

Schließlich schlüpften sie an einer offenen Tür vorbei, in dem Raum dahinter brannte noch Licht. Und aus irgendeinem Grund lief Ivy nicht weiter, sondern blieb hinter der Tür stehen und lauschte.

»Wie kann es sein, dass du sie schon wieder verloren hast? Ich habe dir einen ganz einfachen Auftrag gegeben, du solltest sie beschatten und mich über all ihre Schritte informieren!« Die Stimme klang streng und äußerst wütend. Wenn Ivy sich nicht täuschte, musste das Collector sein.

»Ich habe die Landratten bis zu einem Boot verfolgt, danach sind sie in dem unterirdischen Dampfzug verschwunden!« Und auch die andere Stimme kam ihr verdächtig bekannt vor, aber sie konnte sie nicht direkt zuordnen.

»Langsam verliere ich die Geduld mit dir, James!« Es schepperte, so als hätte jemand einen Gegenstand auf den Boden geworfen. Ivy blickte sich zu Frederick um. Auch er war stehen geblieben und hatte die Ohren gespitzt.

»Weder hast du dir den Stift von J. M. Barrie geschnappt, als er im Besitz des Mädchens war, noch ein Originalmanuskript besorgt. Ich frag mich wirklich, was ich mit dir machen soll ...«

Frederick kam zu Ivy zurückgeschlichen, aber im Vorbeigehen stieß er mit der Schulter gegen einen kleinen Bücherwagen, von dem ein dicker Foliant nach unten fiel und mit einem dumpfen Aufprall auf dem Boden landete. Ivy sog scharf die Luft ein, und das Gespräch verstummte.

Sie hörte Schritte, die sich der Tür näherten. Eilig pressten sich Ivy und Frederick in den Schatten der offenen Tür. Ganz kurz nur war Hannibal Collector zu sehen, der sich misstrauisch umblickte und dann mit einem Knall die Tür zuzog.

Erleichtert atmete Ivy die Luft aus, die sie angehalten hatte. »Das war knapp«, raunte sie Frederick zu.

Der nickte. »Und wie! Aber dieses Gespräch war mehr als verdächtig!«, stellte Frederick fest.

»Meinst du etwa, das war ...« Ivy ließ den Satz unvollendet.

Wieder nickte er. »Genau der. Und ich wüsste nur zu gerne, was die beiden mit den Stiften und Originaltexten vorhaben. Aber wir können hier nicht bleiben, wir müssen weiter.«

Und so kamen sie nach einer Ewigkeit schließlich bei ihrem Ziel an. An der Tür mit Milchglasfenster prangte auf einem Messingschild: »OBERSTER BIBLIOTHEKAR H. C.« Als Ivy den Knauf umdrehen wollte, merkte sie, dass die Tür verschlossen war. »Mist, wie kommen wir da jetzt rein?«

Doch Frederick zückte nur seinen ganz persönlichen schwarzen Stift aus der Pullundertasche, auf dem der Totenkopf eingraviert war. Er steckte ihn, ohne zu zögern, ins Schlüsselloch. Nach ein bisschen Drehen, Wenden, Sich-auf-die-Zunge-Beißen und ein paar Flüchen gab das Schloss ein klickendes Geräusch von sich. »Voilà«, sagte Frederick und stieß die Tür mit einer großen Portion Genugtuung auf.

Sie mussten sich beeilen, schließlich war Collector immer noch in der Bibliothek, und wer wusste schon, wie lange sein merkwürdiges Treffen andauern würde.

Ivy knipste ihre Taschenlampe an und ließ den Lichtkegel durch den Raum tanzen. Den altmodischen Kronleuchter an der Decke wollten sie lieber nicht anschalten. Frederick hingegen hatte seine alte Taschenuhr herausgeholt, die sich offenbar auch prima als Taschenlampe eignete und einen warmen Lichtschein an die Wände warf. Den größten Teil des Büros nahm ein massiver Holztisch ein, dahinter stand ein Sessel, der Ähnlichkeit mit einem Thron hatte. Und rundherum waren in Vitrinen und auf kleinen Tischen alle möglichen Bücher, eine runde Lesebrille und diverse Stifte ausgestellt. Besonders Letztere sah Ivy sich genau an, aber Frederick schüttelte den Kopf. »Er ist nicht hier! Den Stift hat Collector mit Sicherheit in einem Safe aufbewahrt.«

Und so tastete Frederick die Bücherregale ab und zog immer mal wieder Bände aus ihren Reihen, um zu prüfen, ob ein Mechanismus dahintersteckte.

Doch es war Ivy, die die Taschenlampe auf den Schreibtisch legte, mit den Händen über die Oberfläche und unter die Tischplatte fuhr – und schließlich einen kleinen Schalter fand. Das

Gemälde hinter ihr fuhr zur Seite und gab den Blick auf einen Safe frei. Das war also das geheime Versteck!

»Na, dann wollen wir doch mal sehen, ob wir dich nicht öffnen können!«, sagte Frederick und trat davor.

Rätsel 14 ☠☠

*Finde die Zahlenkombination heraus,
und öffne den Safe!*

$$\triangle \square \bigcirc \star = 15$$

$$\square \star \star = 9$$

$$\square \bigcirc = 9$$

$$\triangle \triangle \triangle \square = 7$$

$$\square \triangle \bigcirc \star$$

Der Code lautet: ___ ___ ___ ___

Der goldene Stift

B ist du dir sicher?«, fragte Frederick.
Ivy nickte, sie war sich ganz sicher.

Also gab Frederick die Zahlenkombination 1284 in den Safe ein. Erst tat sich nichts. Dann hörten die beiden, wie sich Metallstifte und Zahnräder im Innern des Schranks bewegten, und schließlich schwang die Tür auf.

Sie gab den Blick preis auf einen Füller, der keinerlei Verzierungen aufwies, dafür aber aus purem Gold zu bestehen schien.

»Das ist er!«, stieß Frederick aus, und auch Ivy erkannte ihn von dem Zettel wieder, den sie in Paddingtons Marmeladenbrot gefunden hatten. Ehrfürchtig wickelte Frederick ihn in ein Tuch, in das seine Initialen »FHS« gestickt waren, wobei sie sich fragte, wofür das H stand.

»Mein zweiter Name ist Hieronymus – aber das bleibt unser Geheimnis«, sagte Frederick, als hätte er ihre Gedanken erraten.

»Kann ich Ihnen beiden behilflich sein?«

Mit einem Ruck fuhren Frederick und Ivy herum. Sie hatten ihn nicht kommen hören, aber mitten im Eingang zu seinem Büro stand niemand anders als Hannibal Collector, und hinter ihm zog Käpt'n James Hook seinen Säbel.

»Nein, danke, wir haben schon gefunden, wonach wir gesucht haben«, entgegnete Frederick kühl. »Wobei, wenn wir uns hier schon mal zum Plausch treffen – sagen Sie, wollten Sie Käpt'n Hook nicht zurück in seine Geschichte geben? Peter vermisst sicherlich seinen Gegenspieler.«

Collector machte einen Schritt auf die beiden zu und wirkte dabei noch bedrohlicher als der Pirat mit seinem Säbel. »Durchaus, durchaus, aber Mr Hook und ich hatten noch ein paar Angelegenheiten zu besprechen. Und nun sage ich es genau einmal und werde mich nicht wiederholen: Mr Skull, übergeben Sie mir sofort diesen Füller.«

Ivys Nackenhaare stellten sich auf. Sie befanden sich in einer aussichtslosen Lage, schließlich blockierten die beiden Männer die Tür und damit ihren einzigen Fluchtweg. Doch Frederick wirkte entspannt, ein herausforderndes Lächeln umspielte seine Lippen.

»Das gedenke ich nicht zu tun. Meine Partnerin Miss Bones und ich werden die Bibliothek jetzt verlassen und diesen Stift mitnehmen.« Und damit griff er ein offenes Tintenfass, das auf dem Schreibtisch stand, und warf es gezielt Hannibal Collector entgegen. Die Tinte spritzte über sein gesamtes Gesicht – in die Augen, den Mund und die Nase. Der Angriff war so überraschend gekommen, dass der Oberste Bibliothekar prustete und zumindest für ein paar Augenblicke ausgeschaltet war.

»Los, Ivy, jetzt!«, rief Frederick.

Auf dieses Kommando wollten die beiden loslaufen, doch Hook hielt immer noch den Säbel erhoben und versperrte ihnen den Weg. Ivy dachte fieberhaft darüber nach, wie sie an ihm vorbeigelangen konnten. Vielleicht musste sie wieder mit ihm kämpfen? Da löste sich mit einem Krachen der Kronleuchter aus der Verankerung an der Decke und sauste hinunter, geradewegs auf den Piraten zu. Der hatte keine Chance mehr zu entkommen – der Kronleuchter landete so auf ihm, dass er zu Boden ging und wie gefesselt feststeckte.

Ivy konnte ihr Glück kaum fassen, da sprang ein kleines Wesen von der Decke und landete genau auf ihrer Schulter – der Minuskel! Er war wohl unbemerkt aus ihrer Tasche geklettert und hatte den Kronleuchter zur rechten Zeit gelöst.

»Da lang«, stieß Frederick nur aus und sprintete los.

Sie rannten zwischen scheinbar endlosen Regalen auf das Zentrum der Bibliothek zu. Hier befanden sich die riesigen Wendeltreppen, die über alle Etagen hinweg den Kern des Gebäudes bildeten.

Frederick und Ivy hetzten die Treppenstufen hinauf, während überall um sie herum Rufe laut wurden. Aus dem Augenwinkel nahm Ivy rote Uniformen wahr. Zwar waren nachts kaum noch Bibliothekarinnen in der Magischen Bibliothek unterwegs, doch auch Wächter drehten hier ihre Runden und beschützten das gesammelte Wissen und die Originalmanuskripte vor unerwünschtem Besuch. Und genau die nahmen nun die Verfolgung auf und sahen alles andere als harmlos aus! An ihren Gürteln erkannte Ivy verschiedene Stifte und Säckchen.

Fredericks und Ivys einziger Vorteil war, dass ihre Verfolger von unten die Treppe hinaufströmten und sie somit einen kleinen Vorsprung hatten. Sie hechteten Stufe für Stufe hinauf. Ivys Atem ging stoßweise, sie war ganz schön aus der Puste, und auch Frederick wurde nach und nach langsamer. Runde Geschosse flogen an ihnen vorbei und zerplatzten auf den Stufen vor ihnen. Das mussten die kleinen Säcke sein, die an den Gürteln der Wächter gebaumelt hatten.

»Vorsicht, die Dinger sind mit einem Spezialkleber gefüllt. In den darfst du auf keinen Fall reintreten!«, rief Frederick ihr zu.

Ivy bemühte sich, ihnen auszuweichen, als sie mit Schrecken erkannte, dass sich die Wasserspeier, die normalerweise bewegungslos auf ihren Sockeln saßen, davon lösten und nun ebenfalls auf sie zusteuerten. Im nächsten Moment traf eine Kleberbombe Ivy am Arm und pinnte sie am Geländer fest.

Frederick bemerkte es erst ein paar Stufen später, lief zurück und versuchte, sie loszumachen. Doch es dauerte zu lang, die Nachtwächter und Wasserspeier waren schon fast bei ihnen. Ivy bekam es mit der Angst zu tun – was würden die Wächter mit ihnen machen, wenn sie sie erwischten?

Da stieß der Minuskel auf Ivys Schulter einen schrillen Pfiff aus. Und schon im nächsten Moment war ein Rauschen zu hören, als würde sich ein Schwarm Vögel nähern. Allerdings waren es keine Vögel – sondern ein Schwarm Papierflieger. Sie kamen aus allen Etagen der Bibliothek geflogen und schossen geradewegs auf die uniformierten und geflügelten Verfolger zu.

»Rückzug!«, rief einer der Wächter, und schon flüchteten sie die Treppe hinunter. Nur die Wasserspeier ließen sich nicht so leicht vertreiben, wurden aber immerhin etwas langsamer.

Mit einem Ruck riss Frederick Ivy los, und sie liefen weiter, bis sie das Ende der Treppe erreicht hatten. Frederick zückte im Lauf seinen Stift und kritzelte damit etwas auf die Wand, die wieder zur Seite fuhr und den Weg in die Galerie der Schätze freimachte. Durch einen Notausgang hechteten sie nach draußen, woraufhin ein Alarm in der British Library losschrillte.

Dennoch mussten Frederick und Ivy grinsen, als sie in die kühle Nachtluft hinaustraten und über eine Mauer in die Freiheit kletterten.

»Wir haben es geschafft!«, sagte Ivy.

»Und wie! Dank dieses kleinen Kerlchens hier.« Frederick nickte in die Richtung des Minuskels, der auf Ivys Schulter saß. Winston wartete schon mit ihrem Fluchtwagen vor dem Gebäude. Eilig stiegen sie ein, und der Butler gab Gas – gerade rechtzeitig, denn nur ein paar Straßen weiter schossen ihnen bereits Polizeiwagen auf dem Weg zur Bibliothek entgegen. Ivys Herz schlug ihr bis zum Hals, aber die Wagen mit Blaulicht fuhren einfach weiter und hielten sie nicht an. »Hatten Sie einen angenehmen Abend?«, fragte Winston vom Fahrersitz.

»Das würde ich nicht unbedingt sagen – aber auf jeden Fall einen erfolgreichen.« Und damit faltete Frederick das Tuch auseinander und hielt den goldenen Stift in der Hand.

Im Anwesen der Skulls angekommen, versammelten sich Frederick, Ivy und der Minuskel im Salon rund um den kleinen Couchtisch, auf dem der goldene Stift lag. Der Raum bestand hauptsächlich aus drei bequemen und etwas durchgesessenen

Sofas, einem riesigen Kamin und zig Topfpflanzen. Fast sah es hier aus wie in einem Dschungel, da sogar Schlingpflanzen von der Decke baumelten. Über dem Kamin hingen zwei gekreuzte Schwerter – das eine konnte gut einem Elb aus *Der Herr der Ringe* gehören, das andere trug die Aufschrift »Excalibur«.

Winston kam gerade zur Tür rein und stellte drei Tassen mit duftendem heißem Tee vor ihnen ab, dazu hatte er noch Sandwiches geschmiert. Eine Tasse nahm er sich selbst und ließ sich damit auf das dritte Sofa sinken.

»Danke, Winston, eine Stärkung können wir gerade bestens gebrauchen«, sagte Frederick.

Irgendwo hinter ein paar Schlingpflanzen schlug eine alte Standuhr. Es war bereits spät, und Ivy fielen nach den Ereignissen des heutigen Tages fast die Augen zu.

»Kaum bin ich Tintenjäger im Ruhestand, schaffen Sie es bereits, die gesamte Magische Bibliothek gegen sich aufzubringen«, stellte Winston fest und nippte an seinem Tee. »Oder liegt das etwa an Ihrer neuen Partnerin?«

Aus irgendeinem Grund hatte Ivy das Gefühl, dass Winston sie nicht sonderlich mochte. Aber vielleicht lag das auch an seinem Gemüt, und er war einfach immer schlecht gelaunt.

»Die Magische Bibliothek ist schon lange nur noch ein Schatten ihrer selbst, seit Hannibal Collector ihre Führung übernommen hat«, entgegnete Frederick.

»So oder so sind Sie hier nicht mehr sicher. Es ist nur eine Frage der Zeit, bis die Bibliothek ihre Agenten auf Sie ansetzt«, stellte Winston klar.

»Das stimmt, wir müssen untertauchen. Aber zuerst sollten wir das Rätsel um den Stift lösen. Meine Mutter hat ihn mir als Hinweis überlassen, und ich bin mir sicher, dass wir ganz nah dran sind, das Geheimnis um ihr Verschwinden zu lösen. Hast du eine Idee, Ivy?«

Die nahm den goldenen Stift vorsichtig in die Hand und drehte ihn zwischen ihren Fingern. Als sie versuchte, ihn auseinanderzuschrauben, gelang es ihr nicht. Ivy schüttelte ihn vorsichtig und hörte, dass sich darin Tinte befinden musste. »Man kann ihn nicht öffnen und die Patrone herausnehmen.« Sie überlegte. »Du hast gesagt, dass das ein besonderer Stift ist, wieso?«

»Na ja, er wurde schon immer vom Obersten Bibliothekar an den Nachfolger weitergegeben. Man munkelt, dass er über besonderes und auch gefährliches Wissen verfügt, aber seine Geheimnisse nur ungern offenbart. Vielleicht kann man ihn nicht öffnen, weil er nicht dafür gedacht ist, dass man Figuren mit ihm einsaugt.«

»Gut möglich. Vielleicht ist die Tinte auch dazu gedacht, mit ihr zu schreiben.« Ivy kramte den Brief hervor, den Frederick ihr vor einer gefühlten Ewigkeit geschickt hatte. Es kam ihr vor, als läge das bereits Wochen zurück, obwohl es erst Tage waren.

Als sie den Stift auf das Papier ansetzte, geschah etwas Erstaunliches! Es kam Ivy so vor, als würde er sich aus ihrem Griff winden, und plötzlich schrieb er von selbst.

»Das ist ja unglaublich!«, entfuhr es Winston.

Die drei und der Minuskel beugten sich über das Blatt und sahen dem Stift dabei zu, wie er schrieb.

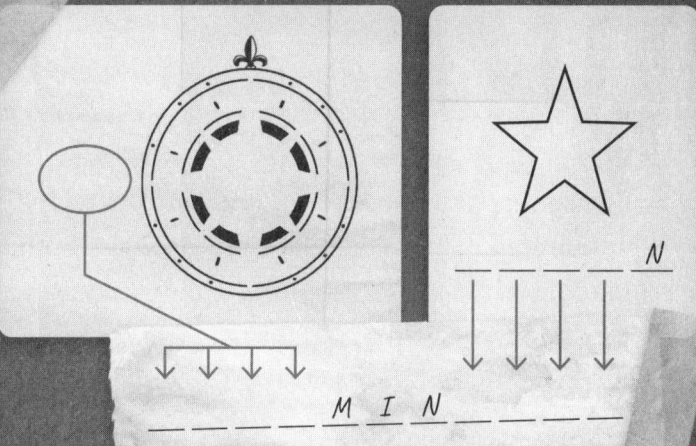

_ _ _ _ M I N _ _ _ _

11 13 6 3 1 12 8

_ _ _ _ _ _ _ _

Die Ecke der Dichter

Westminster, Kipling«, las Ivy vor.

Frederick kratzte sich am Kopf. »Rudyard Kipling war ein Autor. Aber was hat das mit Westminster zu tun?«, überlegte er laut.

Plötzlich sprang Winston auf, verließ den Salon und kam kurze Zeit später mit einem Buch in der Hand zurück. Er legte es vor ihnen auf den Tisch, schlug es auf und las daraus vor.

»Rudyard Kipling, der weltberühmte Autor des Dschungelbuchs, wurde in Bombay, Indien, geboren und lebte eine Zeitlang in Amerika. 1936 starb er in London, seine Asche wurde in der Westminster Abbey beigesetzt. Dort befindet sich in der Dichterecke neben Charles Dickens sein Grab. Na bitte,, nun wissen Sie, wo Sie nach dem nächsten Hinweis suchen müssen.«

»Winston, Sie haben recht – wir müssen in die Westminster Abbey! Sofort!«, stieß Frederick aus.

Doch Winston schüttelte den Kopf. »Auf keinen Fall heute Nacht noch, oder haben Sie vor, in die Kirche einzubrechen? So einfach wie in der British Library wird es nicht. Außerdem hatten Sie den letzten Einbruch geplant. Jetzt einfach draufloszustürmen, kann nur schiefgehen.«

Frederick wollte offenbar widersprechen, doch Ivy kam ihm zuvor. »Ich bin ganz Ihrer Meinung, Winston. Frederick, es ist schon spät, und ich bin total im Eimer von unserer Nacht- und Nebelaktion. Lass es uns morgen versuchen.«

»Aber wir haben keine Tickets! So stehen wir stundenlang an, und die Kirche wird überfüllt sein mit Touristen«, hielt Frederick dagegen.

Doch Winston schmunzelte geheimnisvoll. »Um acht Uhr morgen früh findet ein Gottesdienst statt, vielleicht schaffen Sie es vorher hinein.«

Das klang nach einem äußerst gewagten Plan. Außerdem wären spätestens am nächsten Morgen alle Tintenjäger Londons und die Museumswächter der Magischen Bibliothek, ganz zu schweigen von Collector und Käpt'n Hook, hinter ihnen her.

Doch auch Frederick sah mitgenommen aus – neben den Spinnweben von ihrer Rutschpartie hingen Kleberreste in seinem Haar.

»Also schön. Wir erholen uns bis morgen und machen uns dann in der Früh auf zur Westminster Abbey«, gab Frederick schließlich nach und gähnte.

Ivy hatte es sich in einem der zahlreichen Gästezimmer im Hause der Familie Skull bequem gemacht. Und auch wenn es ein ausladendes Himmelbett mit zig Kissen gewesen war, hatte sie miserabel geschlafen. Zu viele Gedanken waren ihr durch den Kopf gewirbelt – zum Beispiel, dass Frederick mit Collector recht gehabt hatte. Der Oberste Bibliothekar hatte gehörig

Dreck am Stecken, aber was wollte er erreichen? Wollte er etwas vertuschen? Und hatte er vielleicht wirklich etwas mit dem Verschwinden von Penelope Skull zu tun?

Der Minuskel hatte ihre Unruhe gespürt und wollte sie offenbar ablenken. Mit seinen Tintenfüßchen lief er über ein weißes Kissen neben ihr und hinterließ ein einziges Wort: »Morty«.

»Ist das dein Name?«, fragte Ivy, und zur Bestätigung machte das kleine Wesen einen Salto, bevor es schlagartig auf dem Kissen neben ihr einschlief und es hin und wieder mit Tintensabber vollkleckste.

Nach einem kleinen Frühstück in Form von Toast mit Butter und Tee verließen Frederick, Ivy und Morty am nächsten Morgen das Haus durch die Hintertür. Ivy hatte sich eine Mütze aufgesetzt und eine schicke Jacke von Fredericks Mum übergezogen, während Frederick in einen Mantel geschlüpft war, der seinem alten bis auf die Farbe verdächtig ähnelte. Aber zumindest würde man sie so nicht auf den ersten Blick erkennen. Gut, die Melone auf Fredericks Kopf war ein bisschen auffällig, aber von der ließ er sich nicht abbringen. Immerhin war es draußen um die frühe Uhrzeit sowieso noch dunkel.

Sie brauchten für den Weg ungefähr eine halbe Stunde zu Fuß, auch weil Frederick immer wieder kleine Umwege einbaute, um eventuelle Verfolger abzuschütteln.

Schließlich kamen sie an der riesigen Kathedrale an, hinter ihr ragte der Glockenturm Big Ben in den dunklen Morgenhimmel Londons.

»Da ist die Besucherschlange für den Gottesdienst. Komm

schon, Ivy, sie ist noch kurz, wir haben gute Chancen!«, raunte Frederick ihr zu.

Es lief alles wirklich wie geschmiert. Wenige Minuten später und noch vor Beginn des Gottesdiensts waren sie in dem Kirchengemäuer. Ein paar Betende saßen bereits in den vorderen Bänken, aber sie schenkten Frederick und Ivy keine Beachtung.

So unauffällig wie möglich begaben sie sich zu dem rechten Querschiff, dort, wo sich die Dichterecke befand. Die hatte ihren Namen dadurch erhalten, dass hier berühmte Dichter und Denker bestattet worden waren oder ihnen gedacht wurde. Ivy hatte das Gefühl, dass die Büsten und Steinstatuen sie dabei beobachteten, wie sie und Frederick die Bodenfliesen nach Rudyard Kipling absuchten.

Auf einmal stutzte Frederick. »Sieh mal hier – das ist die Steinplatte von Kipling.«

Wie Winston es ihnen beschrieben hatte, war sie genau neben der von Charles Dickens in den Boden eingelassen worden. Vielleicht hätten sie ein Brecheisen mitnehmen sollen, oder wie sollten sie die Steinplatte aufstemmen? Ivy ging in die Hocke und wollte die Beschriftung der Platte mit dem Finger nachfahren, als sie plötzlich erst ein Knacken, dann ein Schaben und schließlich ein Zischen wahrnahm. Die Platte hatte sich scheinbar von allein um einige Zentimeter angehoben. Würde Kipling jetzt etwa von den Toten auferstehen?

Sie hörte, wie Frederick neben ihr schluckte. »Keine hektischen Bewegungen, Ivy.«

Ein Schauder lief über ihren Rücken, als es erneut zischte.

Darauf folgte ein Geräusch, das so klang, als würde jemand einen Sack Kartoffeln über den Boden hinter sich her schleifen.

Ivy krabbelte vorsichtig ein paar Schritte zurück, und im nächsten Moment erblickte sie etwas, das in der Westminster Abbey absolut gar nichts verloren hatte: Eine riesige Schlange schob sich unter der Steinplatte hervor!

»Wie schön, Gässssste!«, sagte sie, wobei sie jedes »S« in die Länge zog.

Ivy ging rasend schnell in ihrem Kopf alle Schlangen durch, die sie aus Geschichten und Büchern kannte. Den dunkelbraunen Flecken auf der hellbeige geschuppten Haut nach zu urteilen, musste es sich um eine Python handeln, eine Würgeschlange. Da erinnerte sie sich wieder daran, wo sie sich gerade befand: am Grab des Autors von *Das Dschungelbuch*.

»Dein Name ist Kaa, richtig?«, fragte sie, wobei ihre Stimme leicht zitterte. Sie konnte das Ende der Schlange unter der Platte nur erahnen.

Frederick hatte bereits seinen Stift gezogen und hielt ihn schützend vor sich und Ivy.

»Kaa, jawohl, dassss isssst mein Name!«, säuselte die Schlange und schob sich immer noch weiter auf sie zu.

»Wir sind nicht deinetwegen hier. Gib uns ein paar Minuten, dann sind wir wieder weg«, versuchte es Frederick, dem die Situation offenbar auch nicht geheuer war.

»Aber, aber, euer Bessssuch kommt mir ssssehr gelegen! Bleibt doch zum Frühstück!« Und dann passierte etwas Seltsames. Während Kaa Frederick musterte, veränderten sich die

Augen der Schlange. Die schwarzen Pupillen, die eben noch denen einer Katze geähnelt hatten, begannen sich zu bewegen. Sie wurden zu Wirbeln, die sich immer weiter drehten und Frederick scheinbar in ihren Bann sogen.

»Lassss den Stift fallen, Junge, du brauchsssst ihn nicht«, raunte die Schlange.

Frederick stand ganz steif da, und mit Schrecken erkannte Ivy, dass er tatsächlich die Hand mit dem Stift sinken ließ.

»Ich brauche ihn nicht«, wiederholte er wie in Trance.

Wie in Trance? Nein, wie unter Hypnose! Kaa hypnotisierte Frederick! So hatte er es auch in der Geschichte gemacht, um Mogli vor der Affenbande zu retten. Nun lag es an Ivy, sie durfte nicht zulassen, dass diese Riesenschlange ihren Partner zum Frühstück verspeiste. Ohne weiter zu zögern, zog sie ihren eigenen Stift und versuchte herauszufinden, wo die Schwachstelle der Schlange war. Sie musste sich beeilen!

Rätsel 16 ☠☠☠

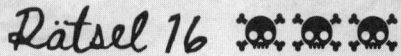

Finde die Schwachstelle von Kaa heraus! Welche Schlaufe ist am nächsten an der Schwanzspitze? Dort ist Kaa am verwundbarsten.

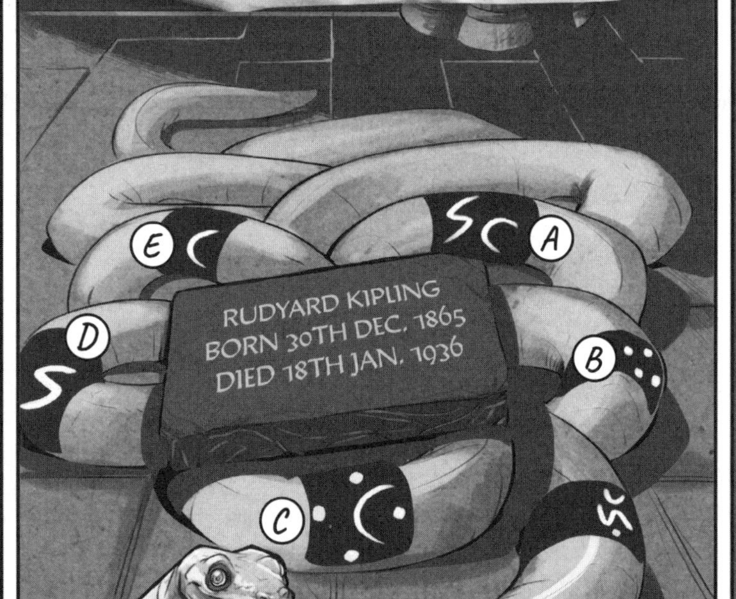

A
B
C
D
E
RUDYARD KIPLING
BORN 30TH DEC. 1865
DIED 18TH JAN. 1936

Kaas Schwachstelle ____________________

Du hast die Schwachstelle von Kaa herausgefunden? Super! Setze jetzt den Efeustift beim entsprechenden Buchstaben A, B, C, D oder E an und drehe ihn, bis du ein Bild vervollständigst. Welches Bild ist es?

Das Symbol ist ein/eine: _____

A

C

E

B

Unter London

Kaum dass Ivy hervorgesprungen war und ihr Stift die Schlangenhaut dort berührt hatte, wo sie rechts aus dem Grab blitzte, zischte die Schlange ein letztes Mal mit ihrer gespaltenen Zunge, dann verpuffte sie in einer Tintenwolke. Während sie sich auflöste und im Stift verschwand, erkannte Ivy erst, wie riesig die Schlange wirklich gewesen war. Ein Blick auf die Patrone verriet ihr, dass das Zeichen von Kaa ein Auge war.

Blättere nun auch zur Seite 191, und umrande dort mit einem Stift die Patrone, die das Auge-Symbol zeigt.

»Puh, das war knapp! Geht es dir gut?«, fragte Ivy Frederick und half ihm auf die Beine. Er musste, nachdem der Bann gebrochen war, kraftlos zu Boden gefallen sein und hatte seine Melone verloren, die scheinbar irgendwo unter eine Kirchenbank gerollt war.

»Das war wirklich haarscharf! Ja, danke, mir geht es gut. Also so gut wie es eben jemandem gehen kann, der gerade fast von einer Schlange verschlungen worden wäre.«

In diesem Moment scholl der Klang der Glocken durch die Kirche und hallte von den Wänden wider.

»Wir müssen uns beeilen! Hat uns jemand gesehen?« Frederick blickte sich suchend um, doch scheinbar hatte niemand die Schlange wahrgenommen – was bei deren Größe wirklich mehr als sonderbar war.

Ivy erinnerte sich wieder an die Steinplatte von Kiplings Grab. Sie beugte sich darüber und berührte sie mit der Hand – sie war offen! Mit vereinten Kräften schoben Frederick und Ivy sie zur Seite. Die Glocken der Kirche übertönten das Schaben und Kratzen der Steinplatte. Sie gab den Blick auf eine Treppe frei, die in die gähnende Tiefe führte. Nebel quoll aus dem Loch zu ihren Füßen empor.

»Okay, gruseliger ging es jetzt nicht mehr, oder wie?«, fragte Ivy, eher um sich selbst Mut zu machen.

»Das scheint ein Durchgang zu sein. Wir sollten nachsehen, wohin er führt«, fand Frederick.

Ivy blieb wohl nichts anderes übrig, als Frederick in die Gruft zu folgen.

Die Treppe führte tiefer hinab als gedacht. Unterwegs hatte Frederick wieder seine Taschenuhr herausgeholt, die als Lichtquelle diente.

Als Ivy die Wände im Schein der Taschenuhr genauer betrachtete, hätte sie fast geschrien: Sie waren über und über mit

Knochen und Totenschädeln übersät. Anstelle eines Schreis entfuhr ihr nur ein halb unterdrücktes Quieken.

»Psst! Nicht zu laut, nachher wecken wir noch die Toten«, raunte Frederick und konnte sich ein Grinsen nicht verkneifen, was in dem schummrigen Licht fast teuflisch wirkte. Die Begegnung mit Kaa hatte er wohl schon völlig vergessen. »Das hier muss ein geheimer Zugang zu den Katakomben von London sein.«

»Aber wir sind nicht in Paris, hier gibt es kein kilometerlanges Netz aus Tunneln und unterirdischen Gängen«, stellte Ivy klar. Wenn es so etwas gäbe, wüsste sie es.

»Hast du dich nie gefragt, wozu die Schächte der U-Bahn früher einmal gedient haben?«, hielt Frederick dagegen.

Ob er sie auf den Arm nahm? Zeit zum Wundern blieb nicht, denn sie hatten endlich das Ende der Treppe erreicht. Hier unten war es sogar um einiges feuchter und kälter als in der alten Kirche, und ihr Atem kam in kleinen Wölkchen aus ihren Mündern. Ivy zog sich die Mütze noch tiefer ins Gesicht.

Immerhin mussten sie keine Angst haben, sich zu verlaufen, denn es gab nur einen endlosen Tunnel, dem sie folgten. Ivy konnte nicht sagen, wie lange sie gelaufen waren, bis sie schließlich eine Pforte entdeckten, die in die Wand eingelassen worden war. Es hätte sie kaum überrascht, wenn auf der Tür ein Totenkopf mit einem Füller im Mund eingeritzt gewesen wäre. Doch da war nichts, die Tür war ganz und gar gewöhnlich.

Frederick nickte Ivy zu, wie um sich für das zu wappnen, was sie dahinter erwartete. Vielleicht dachte er, dass seine Mutter sich hinter dieser Tür befand.

»Na, dann wollen wir mal«, sagte Frederick, doch er machte keine Anstalten, die Tür zu öffnen.

Ivy legte ihm eine Hand auf die Schulter. »Du schaffst das! Und selbst wenn deine Mutter nicht hier ist, kommen wir ihr doch ein Stück näher. Wir werden sie finden, da bin ich mir sicher.«

Ein Lächeln machte sich auf seinem Gesicht breit. Mit neuer Zuversicht legte er die Hand auf die Klinke, drückte sie hinunter und stieß die Tür auf. Augenblicklich war das Lächeln auf seinem Gesicht wie weggewischt, und seine Schultern sackten nach unten. Der Raum war leer.

Ivy machte einen Schritt hinein. Er sah aus wie eine Art Studierzimmer, allerdings waren die windschiefen Regale bis auf ein paar Spinnweben verwaist.

Auch wenn sie vielleicht einmal hier gewesen war, die Staubschicht auf dem Boden und auf den Regalen deutete darauf hin, dass seit Monaten niemand mehr diesen Raum betreten hatte.

Gerade als Ivy etwas Tröstendes sagen wollte, entdeckte sie auf dem Boden ein einsames aufgeschlagenes Buch, das jemand hier vergessen haben musste. Sie bückte sich und nahm den ledernen Einband in die Hand. Als sie einen neuen Platz dafür finden wollte, fiel ihr Blick auf den Titel des Buches. Ihr stockte der Atem. »Frederick, das musst du sehen!«

»Was hast du da?« Er nahm es ihr aus der Hand und las laut vor: »*Der höchst mysteriöse Fall der Penelope Skull*. Was hat das zu bedeuten?«

Doch bevor sie darüber nachdenken konnten, hörten sie Schritte auf dem Gang – sie waren nicht mehr allein! Und es blieb keine Zeit, um sich einen Fluchtplan zu überlegen. Frederick wollte noch versuchen, das Buch irgendwo zu verstecken, doch im nächsten Moment stürmten Museumswächter in roten Uniformen und Tintenjäger den Raum. »Ergreift sie und nehmt ihnen ihre Stifte ab!«, rief eine Stimme, und schon wurden Frederick und Ivy gepackt. Jemand entriss ihm das Buch, woraufhin Frederick mit aller Kraft versuchte, sich aus den Fängen zu winden, die ihn hielten – vergeblich.

»Sie haben gefüllte Patronen bei sich!«, rief ein Junge, der offenbar Fredericks Taschen abgesucht hatte.

»Alles einstecken und mitnehmen!«, bellte die Stimme zurück. »Das war doch nicht so schwer, Frederick, oder?«

Ivy hatte also richtig gehört. Die Menge teilte sich, und Hannibal Collector schritt in seinem schwarz glänzenden Anzug auf sie zu.

»Sie haben meine Mutter entführt, wo ist sie?«, rief Frederick ihm entgegen.

»Aber, aber.« Der Oberste Bibliothekar schüttelte amüsiert den Kopf. »Was sind das für wüste Beschuldigungen? Deine Mutter hat ein Originalmanuskript entwendet und ist damit geflohen. Scheinbar fällt der Apfel nicht weit vom Stamm, wenn man bedenkt, dass du ebenfalls etwas gestohlen hast, das mir gehört.«

»Das ist eine Lüge!«, hielt Frederick dagegen.

»Und das kommt aus dem Mund eines Diebes? Auch wenn deine Mutter weiterhin verschollen bleibt, haben wir immerhin dank dir den Originaltext zurück. Denn du hast uns genau zu ihm geführt.« Und damit hob er das Buch in die Luft, das sie hier gefunden hatten. Irgendwas stimmte damit nicht, das wusste Ivy.

»Dann wollen wir mal! Bringt den Jungen in die Bibliothek – ich werde ihn dort einer Befragung unterziehen.«

»Und was ist mit dem Mädchen?«, fragte eine Tintenjägerin, die höchstens ein Jahr älter war als Ivy selbst.

»Das Mädchen lasst ihr hier, sie weiß zu viel über die Bibliothek.«

Ivy rutschte das Herz in die Hose. Die Tintenjägerin schien unschlüssig, was sie tun sollte. Offenbar gefiel ihr die Anordnung überhaupt nicht. Aber der vernichtende Blick von Collector brachte sie zum Schweigen. Also fesselte ein anderer Wächter Ivys Hände, sie stießen sie zu Boden und verließen dann den Raum mit Frederick.

»Keine Sorge, Ivy, ich lasse mir etwas einfallen!«, rief er noch, dann fiel die Tür krachend ins Schloss, und sie blieb zurück.

Aber immerhin war sie alles andere als allein.

»Morty, ich braue deine Hilfe, Kumpel«, sagte sie und schüttelte sich ein bisschen, damit der Minuskel in ihrer Tasche aufwachte. Doch das wäre gar nicht nötig gewesen, denn schon kletterte er aus der Jackentasche heraus – offenbar war er längst wach gewesen und hatte sich nur versteckt. Er schien sofort zu verstehen, was zu tun war, lief um Ivy herum und löste innerhalb von Sekunden ihre Fesseln.

»Danke, Morty, ohne dich würde ich hier echt in der Patsche sitzen. Wobei ...«, sie sah sich missmutig um, »ich habe immer noch keinen Schimmer, wie wir hier rauskommen. Die Tür haben sie nicht verschlossen, aber mit Sicherheit die Steinplatte wieder an ihren Platz gerückt. Wir müssen einen anderen Weg finden.« Während sie sich die schmerzenden Handgelenke rieb, flitzte Morty zu der Stelle, wo man Frederick ergriffen hatte, und kam schließlich schwankend mit einem Gegenstand in den kleinen Tintenhänden wieder.

»Fredericks Taschenuhr!«

Vielleicht hatte er sie ja mit Absicht fallen lassen. Ivy drehte und wendete sie in den Händen, doch sie wirkte wie eine ganz gewöhnliche Uhr. Der Minuskel hüpfte dabei wild um sie herum und zeigte immer wieder mit seinem geringelten Schwanz auf die Uhr. Und da fiel es ihr mit einem Mal auf. Wenn man die Uhr waagerecht auf der ausgestreckten Hand hielt, also mit dem Ziffernblatt nach oben, dann zeigte sie nicht die Uhrzeit an, sondern die Zeiger bewegten sich wie ... bei einem Kompass! Ivy hatte zwar keinen Schimmer, was sie damit anstellen sollte, aber trotzdem packte sie neuer Mut. Vielleicht zeigte er immer dorthin, wo ein Ausweg oder sogar Frederick war? Damit würde sie ihn finden und befreien!

Der Minuskel hüpfte auf ihre Schulter, und gemeinsam trauten sie sich hinaus in die Katakomben. Ivy lief den Gang weiter hinunter, und wann auch immer eine Abzweigung kam, wies der Kompass den Weg. Nach nur wenigen Minuten trafen sie auf eine Wand, an der der Tunnel einfach endete. Seltsam. Warum sollte er einfach so ins Nichts führen?

Morty zupfte an Ivys Ohr.

»He, das kitzelt, was hast du?«

Da erkannte sie, dass Morty mit seinem Schwanz auf die Wand deutete, um genau zu sein auf fünf Totenköpfe, die auf Augenhöhe in den Stein eingelassen waren und unterschiedlich viele schwarze und weiße Zähne aufwiesen. Sie wirkten so, als hätte jemand sie mit Absicht genau hier platziert. Ivy schob ihren Ekel beiseite, fasste einen der Totenköpfe an und stellte fest, dass sie sich drehen ließen. Das musste ein Geheimdurchgang sein. Aber in welcher Reihenfolge sollte sie die Schädel drehen?

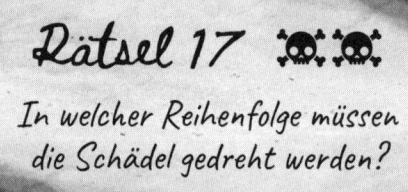

Rätsel 17

In welcher Reihenfolge müssen
die Schädel gedreht werden?

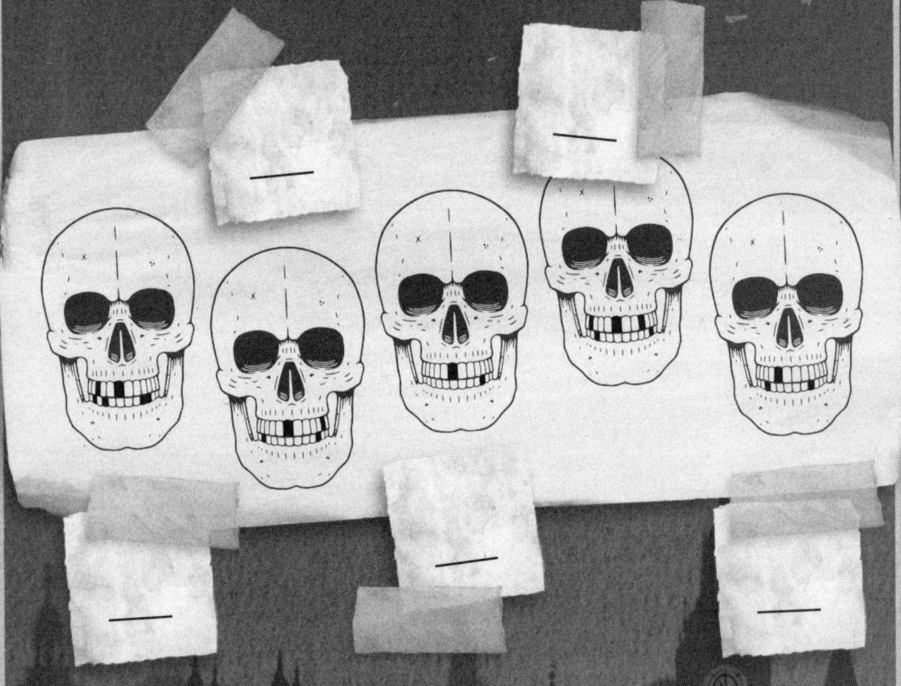

Der perfekte Plan

Puh! Die Totenschädel sahen alle gleich aus. Obwohl ... Einen Unterschied gab es schon: ihre Zähne. Zuerst drehte Ivy den Schädel in der Mitte, dann den ganz rechts. Es klickte verheißungsvoll. Sie schien auf der richtigen Spur zu sein. Also drehte sie den zweiten von links, dann den zweiten von rechts und zum Schluss den ganz links. Kaum dass Ivy den letzten Schädel losließ, fuhren alle zurück in die Wand und rasteten ein. Im nächsten Moment schwang die gesamte Wand zur Seite und gab den Blick frei auf eine Leiter, die nach oben führte – ein Weg aus den Katakomben!

Als Ivy genau unter der Leiter stand, konnte sie kreisförmig einfallendes Licht erkennen. Das da oben musste ein Gullydeckel sein. Eilig kletterte sie die Eisenleiter nach oben und stemmte sich dann mit aller Kraft dagegen. Morty setzte seinen geringelten Schwanz wie einen Hebel ein, und so schafften sie es, den Deckel ein Stück anzuheben und zur Seite zu schieben.

»Puh, geschafft!«, ächzte Ivy, als sie sich über die Kante hinaus in die Freiheit schob, unweit entfernt von Westminster Abbey. »Jetzt müssen wir so schnell wie möglich zu Winston. Er ist der Einzige, der uns jetzt noch helfen kann, befürchte ich.«

Morty schien verstanden zu haben – er schlüpfte wieder in Ivys Manteltasche und hinterließ auf ihrer Schulter ein paar tintenverschmierte Buchstaben.

»Halt dich gut fest, kleiner Kumpel, wir müssen uns beeilen!«

Kurze Zeit später stand Ivy völlig außer Atem vor dem schiefen eingeklemmten Haus in der Raven Coven 13. Sie musste nicht einmal anklopfen, da riss Winston bereits die schwere Eingangstür auf.

»Wie ist es gelaufen, Miss Bones?« Äußerlich wirkte der Butler gefasst, aber sein Blick ging suchend an ihr vorbei. Und bevor sie antworten konnte, machten sich tiefe Sorgenfalten auf seiner Stirn breit. »Wo ist Frederick?«

Ivy ließ die Schultern hängen und schüttelte den Kopf. »Sie haben ihn.«

»Dann sind meine schlimmsten Befürchtungen wahr geworden. Kommen Sie rein, Miss Bones, wir müssen einen Plan schmieden und ihn befreien!«

Wieder versammelten sie sich im Salon, nur dass dieses Mal ein Platz leer blieb. In Ivys Bauch formte sich ein Knoten, sie machte sich schreckliche Sorgen um Frederick. Was würde Collector nur mit ihm anstellen?

»Der Oberster Bibliothekar hat also Frederick in seiner Gewalt, und auch das Buch ... Wie lautete noch mal der Titel?«, wollte Winston wissen.

»*Der höchst mysteriöse Fall der Penelope Skull*«, wiederholte Ivy. »Bedeutet das etwa, dass Fredericks Mutter eine Buchfigur ist?«

Doch Winston schüttelte den Kopf. »Die Familie Skull hütet einige Geheimnisse, sogar welche, von denen ich nichts weiß. Aber nein. Penelope Skull entstammt definitiv keiner Geschichte. Sie ist Bibliothekarin und spürt Originalmanuskripte auf. Ich habe eine schreckliche Befürchtung ...«

»... etwa, dass sie in dem Buch gefangen ist?«, vervollständigte Ivy den Satz.

Der alte Butler nickte und stützte sich schwer auf seinen Gehstock. »Genau das. Die Frage ist nur, mit wem hat sie den Platz getauscht?«

»Geht so etwas denn überhaupt? Kann man Menschen in Büchern einsperren?« Davon hatte Frederick ihr nie etwas erzählt, und sie hatten sich doch versprochen, dass es keine Geheimnisse oder Lügen mehr zwischen ihnen gab.

»Es gab schon immer solche Gerüchte – von Bibliothekaren und Tintenjägerinnen, die spurlos verschwunden sind. Aber das wurde nie bewiesen.«

»Und wie bekommt man sie wieder aus den Büchern raus?«, fragte Ivy.

Doch der Butler zuckte nur die Schultern und blickte sie ratlos an.

»Okay, aber fest steht, dass wir Frederick befreien und dieses Buch zurückholen müssen. Ob Fredericks Mutter darin eingesperrt ist oder ob es ihren Aufenthaltsort verrät, ist egal, es darf definitiv nicht in Collectors Händen bleiben. Er hat Frederick in die Bibliothek gebracht, aber wohin genau?«

»Das vermag ich nicht zu sagen«, antwortete Winston und zuckte wieder die Schultern.

Mist. Sie konnten ja nicht einfach so wieder in die Bibliothek hineinspazieren, also sicherlich nicht durch den Haupteingang. Collector hatte bestimmt die Sicherheitsmaßnahmen nach ihrem letzten Einbruch verschärft. Eventuell hatten sie nicht ihren geheimen Zugang über die Lüftungsschächte entdeckt. Aber selbst wenn Ivy den nehmen würde, wo sollte sie dann nach Frederick suchen – so ganz ohne Anhaltspunkt? Vielleicht könnte die Taschenuhr ihr helfen? Aber sicherlich würde er nicht einfach in Collectors Büro sitzen und dort auf die Befragung warten.

Die Befragung! Das war vielleicht ein Anhaltspunkt.

»Winston, Sie waren schon mal in der Bibliothek, nicht wahr?«

Der nickte. »Natürlich, bereits viele Male, öfter als ich zählen könnte.«

»Was denken Sie, wo würde Collector jemanden hinbringen lassen, um ihn einer Befragung zu unterziehen?«, fragte Ivy.

»Das weiß ich leider nicht. Ich habe mit Frederick immer nur die Tintenpatronen und Stifte abgeliefert. Was die Restauratorinnen und Bibliothekare hinter verschlossenen Türen machen, kann ich nicht sagen.«

Sie hatten also keinen Schimmer, und so war es ein hoffnungsloses Unterfangen – sie würden Frederick nicht rechtzeitig finden, bevor Collector ihm etwas Schlimmes antun konnte. Vielleicht warf er Frederick auch in eine Art Verlies, wo er bis zu seinem Lebensende festsitzen würde.

Als Ivy sich kraftlos auf dem Sofa nach hinten fallen ließ, hüpfte der Minuskel aus ihrer Tasche. Er sprang vom Sofa auf den Tisch, der vor ihnen stand, und lief mit klecksenden Füßen hinüber zum goldenen Stift, den sie aus der Bibliothek gestohlen hatten. Morty nahm ihn in seine kleinen Hände und schleifte ihn hinter sich her zu einem leeren Blatt Papier, das ebenfalls auf dem Tisch lag. Fasziniert und in völliger Stille beobachteten Winston und Ivy den Minuskel. Was hatte er vor?

Morty schüttelte den Stift heftig und setzte ihn auf das Papier. Als der nicht anfing zu schreiben, warf er ihn auf den Tisch und trat kräftig dagegen. Und plötzlich rührte sich der Stift wieder. Auf magische Weise erhob er sich und begann, etwas auf das Blatt zu kritzeln.

»Der Stift weiß, wo wir suchen müssen«, stieß Ivy verblüfft aus.

»Natürlich! Er kennt viele Antworten, aber er verrät sie nicht einfach so. Er hüllt sie in Rätsel, derer sich die Fragenden würdig erweisen müssen. Sehen Sie nur, Ivy! Was könnte er damit meinen?«

Gemeinsam beugten sich Winston, Ivy und ein zufrieden grinsender Minuskel über das Papier.

»Winston, geben Sie mir einen Stift! Ich glaube, ich weiß, was zu tun ist!«

Rätsel 18 ☠️☠️

Welches Wort hat der goldene Stift hinter seiner Zeichnung versteckt?

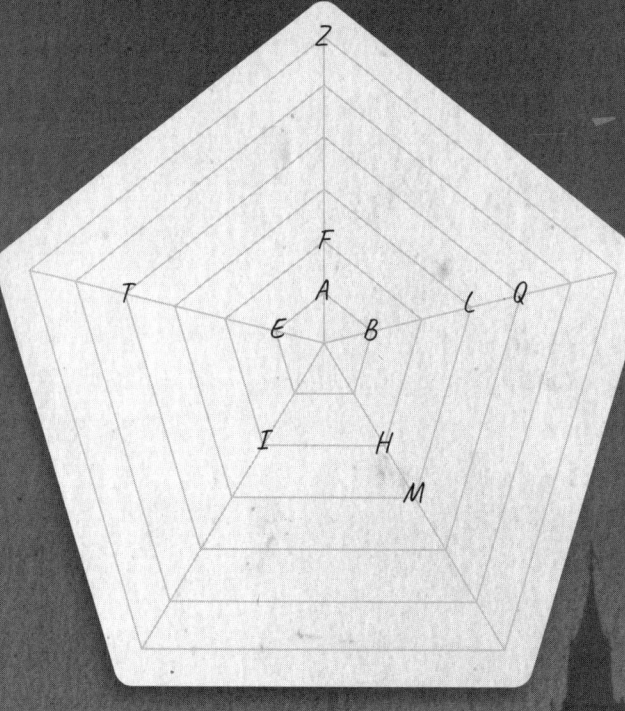

Lösung: _____

Auf zur Rettung

Der Oberste Bibliothekar hielt Frederick also im »Bücherherz« fest – damit konnte nur das Herz der Bibliothek gemeint sein. Frederick hatte Ivy bei ihrem ersten Besuch in der Magischen Bibliothek davon erzählt. Dort bewahrten sie alle Originale auf, die gerade nicht im Zentrum ausgestellt wurden. Warum Hannibal Collector ihn ausgerechnet dort festhielt, wusste Ivy nicht, aber das würde sie noch herausfinden.

Glücklicherweise hatte Winston eine grobe Idee, wo sich dieser Raum befinden könnte. »Ich werde Sie in die Bibliothek begleiten und Frederick retten«, stellte er klar.

»Aber Sie sind im Ruhestand!«

»Das heißt noch lange nicht, dass ich tot bin. Mr Skull braucht mich.« Winston wirkte entschlossener denn je.

»Und wie wollen wir das anstellen? Ich habe nicht einmal mehr meinen Füller«, stellte Ivy fest.

Da schlich sich ein Grinsen auf Winstons Gesicht. »Aber ganz unbewaffnet sind Sie auch nicht!« Und damit nahm er den goldenen Stift und warf ihn Ivy zu, die ihn gerade noch auffing. »Collector sollte uns nicht unterschätzen.« Und in einer fließenden Bewegung, bei der allerdings einige Knochen knackten, zog er aus seinem Gehstock eine versteckte Degenklinge. Winston duldete keine Widerrede.

Dieses Mal nahmen sie nicht den Vordereingang der British Library. Winston kannte noch einen anderen Weg, wie man in die Magische Bibliothek gelangen konnte.

»Ich gehe da nicht schon wieder runter!«, stellte Ivy klar, als Winston einen Gullydeckel in einer Nebenstraße unweit der Bibliothek anhob. »Vor zwei Stunden bin ich erst aus den Katakomben hinausgeklettert, das mache ich kein zweites Mal.«

Aber wie Ivy feststellen musste, hatte Winston einen riesigen Dickschädel.

»Wir müssen hier runter. Dank Ihres letzten großartigen Fluchtversuchs gibt es keine Möglichkeit, in die Bibliothek oberirdisch einzudringen, und sicherlich auch nicht durch einen Lüftungsschacht. Wir wollen nach ganz unten, also müssen wir von noch weiter unten kommen.«

Ohne auf weitere Widerworte von Ivy zu warten, kletterte der Butler die Leiter in die Tiefe hinunter. Ihr blieb also keine andere Wahl, auch wenn sie den Deckel nur zu gerne einfach wieder zugeschoben hätte.

Als sie schließlich unten ankamen, stieg Ivy der fürchterliche Gestank nach Abwasser in die Nase. Fredericks Taschenuhr diente ihr als Lichtquelle, doch damit sah sie sich lieber nicht zu genau um. Aus den Augenwinkeln hatte sie bereits Schatten vorbeihuschen sehen, und wer wusste schon, was außer Ratten sonst noch in dem bräunlichen Wasser schwamm.

Ivy ging die Frage nicht aus dem Kopf, warum sie diesen Weg jetzt erst nahmen. Woher kannte der Butler ihn überhaupt?

Als hätte er Ivys Gedanken erraten, erklärte Winston: »Mr Skull hat keine Ahnung, dass dieser Zugang existiert. Seine Mutter hat ihn mir anvertraut für den Fall, dass wir ihn in größter Not bräuchten. Außerdem ist mir jetzt erst klar geworden, dass wir noch einen Gegenstand benötigt haben, um ihn zu öffnen.«

Damit blieb er plötzlich stehen und deutete auf eine unscheinbare Kerbe im Betonboden. Nur wenn man ganz genau hinsah, konnte man erkennen, dass es sich nicht um eine zufällige Kerbe handelte, sondern um eine Vertiefung, die jemand absichtlich in den Stein geschlagen hatte.

»Sie und Mr Skull mussten eben diesen Gegenstand erst entwenden, damit wir ihn benutzen können.«

Und da wurde auch Ivy klar, wofür diese Kerbe bestimmt war. Sie zog den goldenen Stift hervor und setzte ihn in die Fassung. Er passte perfekt.

Mit einem Mal rumorte es in dem Tunnel, und das Abwasser, das eben noch neben ihnen entlanggeflossen war, wurde durch eine plötzlich auftauchende Barriere in einen Nebenkanal umgeleitet. Daraufhin erschien eine steinerne Wendeltreppe am Boden des Kanals, die scheinbar ins Nichts führte.

»Das ist unser Weg ins Herz der Bibliothek, beeilen wir uns!«, sagte Winston.

»Wir haben keine Zeit zu verlieren.« Damit steckte Ivy den Stift wieder ein, der noch viel mächtiger zu sein schien, als sie angenommen hatte, und gemeinsam machten sie sich an den Abstieg.

Unten angekommen, beschlich Ivy ein bedrückendes Gefühl, als sie sich vorstellte, was passieren würde, wenn das Wasser aus dem Kanal wieder zurückfloss. Bloß nicht darüber nachdenken!, ermahnte sie sich. Und dafür blieb auch gar keine Zeit, denn Winston eilte bereits auf eine Luke zu, die aussah, als stamme sie aus einem U-Boot.

»Wären Sie so freundlich, mir zur Hand zu gehen?«, fragte Winston. Mit vereinten Kräften stemmten sie das Drehkreuz der Luke auf. »Ab hier müssen wir besonders umsichtig vorgehen. Wir befinden uns jetzt in der Magischen Bibliothek, nur noch wenige Meter entfernt vom Herzen.«

Ivy nickte, und ein Schauder lief über ihren Rücken. Sie waren so nah dran! Jetzt mussten sie Ruhe bewahren und Frederick retten.

Nachdem beide durch die Luke geschlüpft waren, wehte ihnen angenehm warme Luft entgegen. Offenbar waren sie in eine Art Heizungsschacht gelangt. Als sie auf den Taschenuhr-Kompass blickte, zeigte der nur wenige Meter vor ihnen auf ein Gitter in der Wand, durch das Stimmen zu ihnen hinüberdrangen.

»Ich wiederhole es nur ein allerletztes Mal, Mr Skull – wo befindet sich der Füller? Ich will ihn wiederhaben, um jeden Preis!«

Ivy kniete sich hin und rutschte näher ans Gitter. Sie erkannte einen Raum voller Bücherregale, die so hoch waren, dass man ihr Ende nur erahnen konnte. Und sie waren von oben bis unten gefüllt mit Büchern. Das Summen und Vibrieren, das Ivy erst der Heizung zugeordnet hatte, ging scheinbar von ihnen aus!

Das mussten alles Originalmanuskripte sein, die hier eingelagert waren. Zwischen den Regalen befanden sich immer wieder kleine Käfige, deren Inhalt Ivy auf die Entfernung nicht erkennen konnte.

Als sie allerdings erblickte, was sich im Zentrum des Raumes abspielte, blieb ihr Herz stehen! Dort saß Frederick gefesselt auf einem Stuhl, vor ihm Collector mit einem Buch in der Hand. Und nicht irgendeinem – es war das Buch von Penelope Skull.

»Wofür brauchen Sie überhaupt diesen Stift?«, hielt Frederick dagegen. »Und was hat das alles mit meiner Mutter und diesem Buch zu tun? Warum steht ihr Name darauf?«

»Diese furchtbar lästige Neugier scheint in der Familie zu liegen«, gab Collector zurück und schüttelte den Kopf. »Auch Penelope wollte nicht hören und hat meine Warnungen in den Wind geschlagen!«

Ivy konnte es nicht fassen – was hatte das zu bedeuten?

»Wo ist sie?«, fragte Frederick wütend. Sein sonst so ordentlich zur Seite gekämmtes Haar fiel ihm in Strähnen über die Stirn.

Hannibal Collector lachte wie ein Schurke. »Was soll's – du wirst diesen Ort eh nicht lebend verlassen, da kann ich es dir genauso gut erzählen. Deine Mutter hat mir von Anfang an nicht vertraut, als ich der Oberste Bibliothekar wurde, und wollte meine Vergangenheit nicht ruhen lassen. Bei ihren Nachforschungen ist sie nicht nur auf mein Geheimnis gestoßen, sondern hat sich dummerweise von mir dabei erwischen lassen.«

Offenbar kam Frederick und Ivy zur selben Zeit die Erkenntnis. »Sie sind selbst aus einem Buch geflohen!«, stieß Frederick aus.

Winston sog neben Ivy scharf die Luft ein.

Collector applaudierte abfällig. »Bravo, der große Frederick Skull ist endlich dahintergekommen, was seine Mutter schon vor einem Jahr herausgefunden hat.«

»Was haben Sie mit ihr gemacht?«

Der Oberste Bibliothekar hob das Buch in die Luft. »Na, was denkst du? Ihre Nachforschungen waren erfolgreich, sie hat herausgefunden, dass ich die Buchfiguren nicht in ihre Bücher zurückbringe, sondern dass sie für mich arbeiten und Stifte erbeuten. Außerdem hat deine Mutter das Originalbuch gefunden, aus dem ich entwischt bin. Bevor sie allerdings alles an die große Glocke hängen konnte, habe ich sie in der unterirdischen Kammer überrumpelt und mit dem goldenen Stift in das Buch gebannt.«

Das bedeutete, dass Collector unter der Westminster Abbey nur so getan hatte, als wäre er auf der Suche nach dem Manuskript gewesen. In Wirklichkeit hatte er es dort selbst versteckt und verhindern wollen, dass sie und Frederick es in die Hände bekamen!

Fredericks Augen sprühten vor Zorn. Er versuchte, sich loszumachen, und riss an dem Seil, das ihn fesselte. »Wenn ich hier rauskomme ...«

»Keine Sorge, Junge, das wirst du nicht. Mein Freund Hook hat euch beschattet und jeden eurer Schritte verfolgt. Ich hatte die Hoffnung, dass du und dieses Mädchen vorher aufgeben würdet. Aber gut, dann verliert die Bibliothek wohl einen begnadeten Tintenjäger – der mir sowieso stets ein Dorn im Auge war.«

Sie wurden unterbrochen, als ein breites Grinsen zwischen den Regalen auftauchte, ein Grinsen ohne Körper.

»Was gibt es, Grinsekatze?«, fragte Collector ungehalten. Offenbar konnte er es nicht leiden, unterbrochen zu werden. Ivy wollte nicht glauben, was sie da sah! Sie hatte die Katze doch eingefangen, aber offenbar hatte sie jemand wieder befreit!

»Hook und die anderen sind zurück – und es schmerzt mich, es zu sagen, aber der Stift hat sich nicht in dem Anwesen befunden ...«

»Er muss da sein, du schwachsinnige Katze!«

»Und deswegen halte ich mich aus Politik am liebsten raus«, raunte die Katze und verschwand, bis nur noch ihr Grinsen kurz in der Luft hing.

Ivys Blick wurde von etwas anderem eingefangen, nur eine flüchtige Bewegung in einem der Regale. Mit Schrecken stellte sie fest, dass es kein Buch war, sondern Morty, der Minuskel. Er musste sich aus ihrer Tasche gestohlen und durch das Gitter gequetscht haben. Was hatte er da oben nur vor?

»Ich werde Ihnen niemals verraten, wo der Stift ist!«

»Das macht nichts. Ich glaube, du hast ihn gar nicht. Wenn er nicht in dem heruntergekommenen Anwesen ist, das du und deine Mutter Haus nennt, dann bleibt nur eine Möglichkeit: Das Mädchen hat ihn, nicht wahr?«

Winston stieß Ivy an, offenbar wollte er sie auf etwas hinweisen, was der Minuskel gerade anstellte. Scheinbar versuchte er, sich an den Wachen, die überall in den Gängen postiert waren, vorbeizuschleichen, um zu Frederick zu gelangen. Vielleicht konnte Morty ja seine Fesseln lösen. Ivy zeigte ihm einen Daumen nach oben – sie würde ihm helfen, ungesehen zu Frederick zu gelangen.

Rätsel 19 ☠☠

Ivy bemerkt, dass die Wachen immer nur zwei Kacheln weit stur geradeaus gucken. Welche Zeichen muss Ivy dem Minuskel geben, damit er auf kürzestem Weg und ohne entdeckt zu werden zu Frederick gelangt? Trage den richtigen Weg ein, und übersetze ihn dann in Pfeilrichtungen ↑, →, ←, ↓.

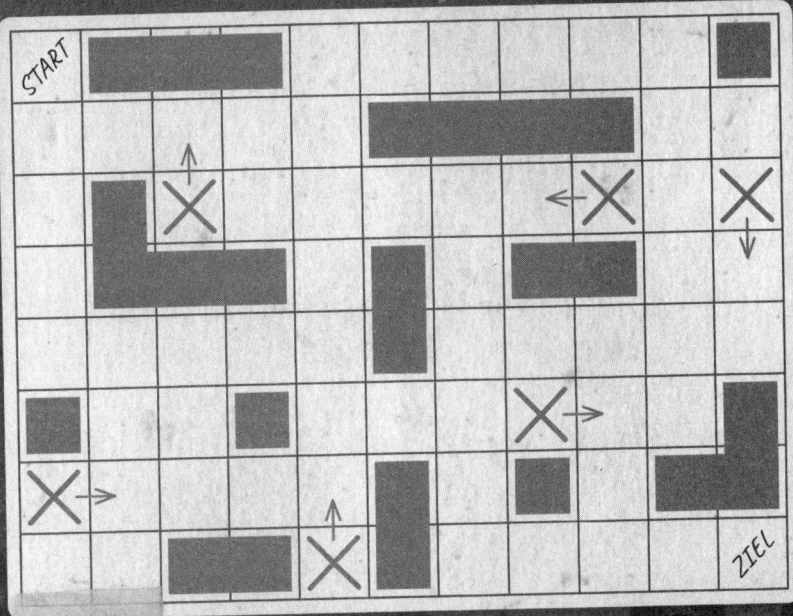

Weg: _____

_____

_____

✕ = Wache

▬ = Bücherregal

Ein verzweifelter Versuch

Es lief wie geschmiert, sogar besser als geschmiert! Ivy stellte sich den Raum so vor, als würde sie ihn wie ein Vogel von oben betrachten. Morty lief zuerst nach unten, dann nach rechts. Glücklicherweise war es in den Gängen so dunkel, dass die Wachen den kleinen Minuskel nicht entdeckten, als er nach oben lief, nach rechts abbog, ein Stück wieder nach unten und dann nach links. Im Rücken einer Buchfigur, die Ivy nicht erkennen konnte, lief er vorbei nach unten und zum Schluss nach rechts. Geschafft! Erleichtert atmete Ivy aus. In der Anspannung hatte sie kaum gewagt, Luft zu holen, geschweige denn sich auch nur einen Millimeter zu rühren. Morty befand sich nun direkt hinter Frederick und kletterte an einem Stuhlbein hoch, um sich an dessen Fesseln zu schaffen zu machen.

Doch dann ging alles schief.

»Was ist das, eine Ratte?«

Oh nein! Ivy hatte Collector völlig aus den Augen verloren, und plötzlich stand er direkt neben Frederick und riss Morty in die Höhe. Er hielt ihn in seiner eisernen Hand wie in einem Schraubstock. »Ich sollte dich einfach zerquetschen!«

Ivy hatte keine Wahl. Ohne auch nur eine Sekunde darüber

nachzudenken, warf sie sich mit aller Kraft gegen das Gitter, sodass es aus der Verankerung gerissen wurde, und stürzte in den
Raum.

»Lassen Sie sofort Morty los!«, rief sie.

»Na großartig, so einfach ist das – da mussten wir ja gar nicht
lange nach dir suchen! Ergreift sie!« Der Oberste Bibliothekar
zeigte mit dem behandschuhten Finger auf sie, während Morty
immer noch in seiner anderen baumelte. Das Buch lag achtlos
auf dem Boden.

Wie aus dem Nichts erschienen hinter Ivy Handlanger von
Collector und drückten sie auf die Knie. Sie konnte sich zwar
kaum bewegen, dennoch erhaschte Ivy einen kurzen Blick
auf den Jemand hinter sich. Bei der Frau in weißem Pelz mit
schwarzen Punkten darauf und den passend dazu gefärbten
Haaren handelte es sich um niemand anders als Cruella De Vil,
die offenbar aus *101 Dalmatiner* ausgebrochen war. Sie hielt Ivy
fest, während Käpt'n Hook in ihr Sichtfeld trat und flink ihre Taschen durchsuchte, bis er den Stift gefunden hatte. Ehrfürchtig
überreichte er ihn Collector.

»Endlich ist er wieder in meinem Besitz – ich hoffe, ihr seid
pfleglich mit ihm umgegangen, er ist von unschätzbarem Wert.
Endlich kann ich ungehindert weiter meinen Plan umsetzen,
Originalmanuskripte und Stifte zu stehlen, um alle Buchfiguren dieser Welt zu befreien. Dann dürft ihr jämmerlichen Menschen ihre Plätze einnehmen!« Ein diebisches Grinsen stahl sich
auf sein Gesicht. »Wo wir gerade davon sprechen, wir sollten
testen, ob der goldene Stift noch funktioniert. Ich denke, eine

angemessene Strafe wäre es, wenn ihr alle Fredericks Mutter von nun an Gesellschaft leistet!«

Das war also das Ende ihres Abenteuers. Ivy und Frederick hatten seine Mutter gefunden, aber würden nicht mit ihr zurückkehren. Der Oberste Bibliothekar war ein Buchcharakter, der es sich zur Aufgabe gemacht hatte, alle Figuren zu befreien und Menschen dafür in Bücher zu stecken. Das Leben, das Ivy noch vor ein paar Tagen geführt hatte, kam ihr weit weg vor. Irgendwie musste sie an ihre Brüder denken, an ihre Eltern, selbst an ihre große Schwester, Viola. Sie würden nie erfahren, was mit Ivy geschehen war. Niedergeschlagen ließ sie den Kopf hängen.

Doch offenbar hatte Ivy die Rechnung ohne einen gewissen Tintenjäger in Rente gemacht. »Wenn Sie den Kindern auch nur ein Haar krümmen, bekommen Sie es mit mir zu tun!«

Winston war aus seinem Versteck getreten und hatte den Degen aus seinem Gehstock gezogen. Augenblicklich zog auch Hook seinen Säbel und stürzte sich auf den erstaunlich flinken Butler. Morty schien genau auf diesen Moment gewartet zu haben und biss Hannibal Collector mit aller Kraft in den Finger. Der schrie wütend auf und ließ nicht nur den Minuskel fallen, sondern auch den goldenen Stift. Morty schnappte ihn sich und schleuderte ihn in Ivys Richtung.

Sie hatte kaum Zeit zu reagieren, aber auch Cruella de Vil war offenbar so von der Situation überrumpelt, dass Ivy es schaffte, sich loszureißen und den Stift zu fangen.

»Schnappt sie euch und bringt mir den Stift!«, schrie Collector wutentbrannt.

Doch so weit ließ Ivy es nicht kommen. Sie riss das Notizbuch aus ihrem Mantel und schlug es auf der letzten Seite auf. Genau dort, wo sie die Symbole der verschiedenen Tintenpatronen notiert hatte. Sie musste sich etwas einfallen lassen, vielleicht war der goldene Stift sogar noch mächtiger als gedacht! Ivy hatte es geschafft, dass Morty aus dem Notizbuch entsprungen war, warum sollte sie es nicht auch mit etwas anderem, etwas noch viel Größerem schaffen?

Hook und Winston kämpften jetzt zwischen ihr und dem Bibliothekar, aber es würde Ivy nur wenige Sekunden verschaffen. Was sollte sie schreiben? Was würde sie jetzt retten? In diesem Augenblick kamen ihr die Worte ihrer Grandma in den Sinn: »Jeder Geschichte wohnt ein Zauber inne und manchmal sogar Magie.« Nachdem ihre Oma gestorben war, hatte Ivy die Lust an Geschichten verloren, sie hatte ihre Fantasie mit ihr beerdigt und wollte sich keinen Träumereien mehr hingeben. Aber war es nicht genau das, was sie brauchte? Ein bisschen Magie? Und mit einem Mal wusste sie, was zu tun war, und die Buchstaben erschienen wie von selbst auf den Seiten. Sie setzte den Stift an und schrieb.

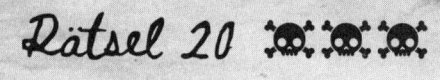

Konntest du alle Buchfiguren besiegen?
Dann blättere jetzt auf Seite 192.
Welches Wort hat sich hinter
den Efeuranken versteckt?

Das Lösungswort lautet: _____

Die Magie der Worte

Ein dröhnendes Brüllen zerriss die Luft! Das Notizbuch wurde Ivy aus den Händen gerissen, als ein riesiger, von Schuppen besetzter blauer Körper aus dem Buch brach. Ein Drache! Er spuckte gleißend helles Feuer, das die Regale und Bücher jedoch nicht in Brand steckte. Es war ein kaltes Feuer, das aus Tintenschwaden zu bestehen schien. Die Krallen an seinen Klauen sahen schärfer aus als Hooks Säbel, und die spitzen Zähne in seinem Maul warfen das Licht der Laternen zurück.

»Das ist unmöglich!«, schrie Collector und taumelte rückwärts, während der Drache auf ihn zuschoss.

Morty hechtete auf die Regale und öffnete dort nun die Käfige, in denen Bücher eingesperrt gewesen waren. Und dafür hatte es gute Gründe gegeben, wie Ivy nun feststellte. Die Bücher flogen und sprangen aus ihren Käfigen. Eins der Bücher bellte wie ein Hund und machte Jagd auf Cruella De Vil, ein anderes entfaltete glitzernde Feenflügel und warf sich auf Käpt'n Hook, der das Duell gegen Fechtmeister Winston verloren hatte.

Ivy nutzte die Gunst der Stunde, rannte zu Frederick und löste dessen Fesseln, während der Drache über ihre Köpfe hinwegrauschte und den Bibliothekar vor sich hertrieb.

173

»He, ich hab doch gesagt, *ich* lasse mir etwas einfallen!«, rief Frederick Ivy über den Lärm hinweg zu.

»Da warst du wohl zu langsam«, gab sie zurück und konnte sich in all dem Chaos ein Grinsen nicht verkneifen.

Frederick rieb sich die Handgelenke, auf denen sich rote Striemen von den Fesseln abzeichneten. »So, dann müssen wir also nur noch dafür sorgen, dass Collector und meine Mutter die Plätze tauschen.«

Leichter gesagt als getan. Winston hatte das Buch *Der höchst mysteriöse Fall der Penelope Skull* vom Boden aufgehoben und zu Frederick und Ivy gebracht.

»Ich denke, wir müssen den goldenen Stift benutzen. Damit hat Collector sie eingesperrt, und nur so können wir sie befreien. Aber das Buch lässt sich nicht öffnen.«

Wieder brüllte der Drache. Er hatte den Bibliothekar in eine Ecke getrieben.

»Jetzt oder nie!«, drängte Winston.

Ivy betrachtete das Buch. Ihr fiel ein Muster auf, das sie schon einmal gesehen hatte – auf dem zerknüllten Brief! Sie kramte ihn hervor, strich ihn glatt und hielt ihn neben das Buch. »Das ist es!«

Rätsel 21 ☠☠

Was müssen Frederick und Ivy finden, um das Buch zu öffnen? Schau dir den Brief dafür noch mal an und such nach den Symbolen.

DER HÖCHST
MYSTERIÖSE
FALL DER
PENELOPE SKULL

Lösung: _____

»Ein Schlüssel!« Und als sie dieses Wort aussprach, verselbstständigte sich der goldene Stift und kritzelte etwas auf den Umschlag des Buches. Es waren die Umrisse eines Schlüssels. Allerdings nur ein Teil davon, es fehlte immer noch der Schlüsselbart, mit dem man ein Schloss tatsächlich öffnen konnte.

»Der Stift will sein Geheimnis immer noch nicht preisgeben«, stellte Frederick fest. »Das muss der Einfluss von Collector sein!«

»Wartet mal, ich glaube, ich habe eine Idee!« Ivy griff nach dem Stift, der sich nur widerwillig fügte, und begann zu zeichnen.

Rätsel 22 ☠ ☠

Vervollständige den Schlüsselbart, damit Penelope Skull und Hannibal Collector ihre Plätze tauschen.

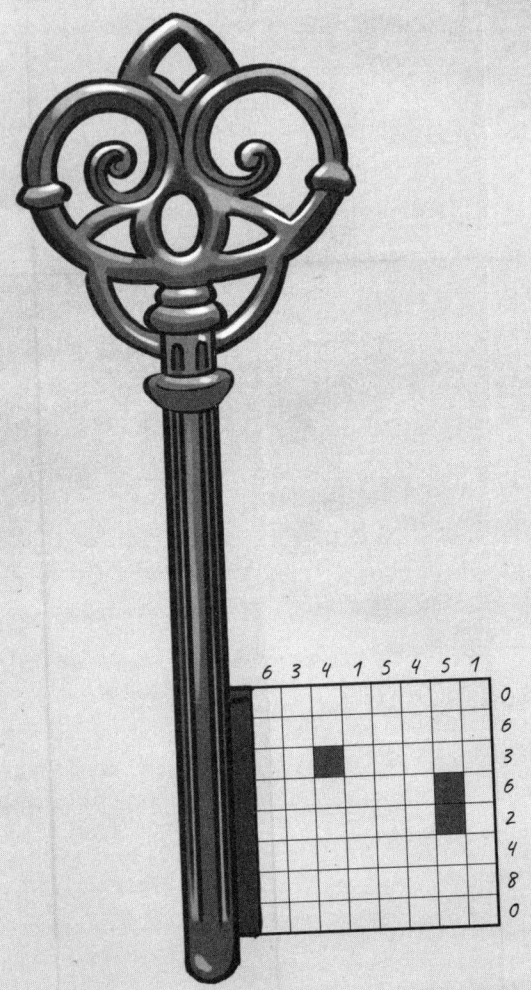

Skull & Bones

Sobald Ivy den noch fehlenden Schlüsselbart ergänzt hatte, erkannte sie die Buchstaben »PS«.

»Das steht für Penelope Skull«, rief Frederick.

Als er den Namen aussprach, geschah etwas Seltsames: Mit einem Mal öffnete sich das Buch, die Seiten fächerten auseinander, als hätte eine Windböe sie erfasst, und ein grelles Licht schoss in die Luft. Ivy musste den Blick abwenden, erkannte aber noch, wie Collector von einem Lichtstrahl erfasst und in die Luft gehoben wurde. Der Drache sah interessiert dabei zu, wie der ehemals Oberste Bibliothekar um sich schlug und zeterte. »Ich werde wiederkommen, das letzte Kapitel ist noch nicht geschrieben!«

Seine Worte verstummten, als er in das Buch gezogen wurde. Der Drache erhob sich mit seinen breiten Schwingen in die Luft, wobei er es wie durch ein Wunder schaffte, keines der turmhohen Regale umzustoßen, und rauschte zurück in Ivys Forschungstagebuch, das verwaist auf dem Boden lag. Auch Hook und Cruella de Vil waren verschwunden, offenbar hatten ihre Bücher sie in ihre Welten zurückgeholt.

Ein letzter grell blendender Blitz, dann war alles vorbei. Als wäre nie etwas gewesen.

»Frederick, bist du das?«, durchbrach plötzlich eine Stimme die Stille.

Als vor ihren Augen endlich keine Sterne mehr tanzten, erkannte Ivy die Frau mit den kurzen dunklen Haaren und der feinen Uniform, die plötzlich vor ihnen stand. Fredericks Mutter, sie war zurück! Frederick konnte es nicht fassen, schlang die Arme um sie, und Ivy hätte schwören können, dass ihm dabei krokodildicke Tränen über die Wangen liefen. Sie spürte, dass auch über ihr Gesicht Tränen kullerten, als Winston eine Hand auf ihre Schulter legte.

»Das hast du großartig gemacht, Ivy.« Der Butler lächelte.

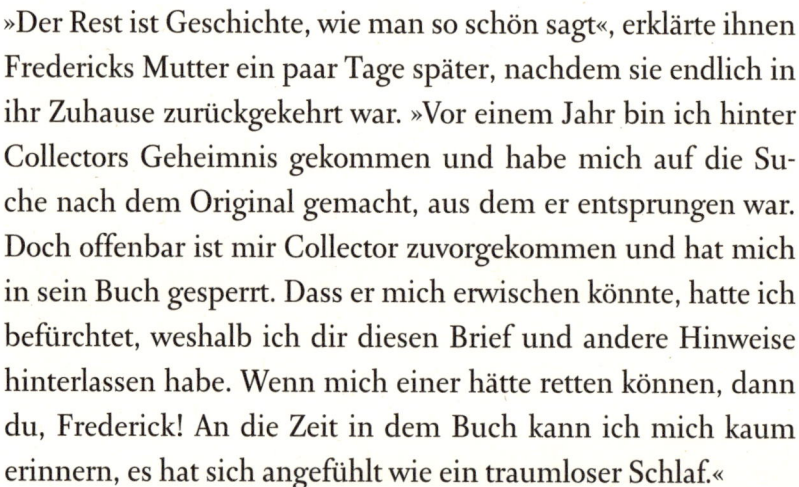

»Der Rest ist Geschichte, wie man so schön sagt«, erklärte ihnen Fredericks Mutter ein paar Tage später, nachdem sie endlich in ihr Zuhause zurückgekehrt war. »Vor einem Jahr bin ich hinter Collectors Geheimnis gekommen und habe mich auf die Suche nach dem Original gemacht, aus dem er entsprungen war. Doch offenbar ist mir Collector zuvorgekommen und hat mich in sein Buch gesperrt. Dass er mich erwischen könnte, hatte ich befürchtet, weshalb ich dir diesen Brief und andere Hinweise hinterlassen habe. Wenn mich einer hätte retten können, dann du, Frederick! An die Zeit in dem Buch kann ich mich kaum erinnern, es hat sich angefühlt wie ein traumloser Schlaf.«

»Was wird nun aus dem Buch?«, fragte Ivy. Sie hatten sich im Salon des Anwesens der Familie Skull versammelt, und Ivy stellte fest, dass sie Frederick noch nie so glücklich erlebt hatte. Er wich seiner Mutter kaum von der Seite. Ivy mochte Fredericks Mum.

»Ich habe *Der höchst mysteriöse Fall des Hannibal Collector*, wie das Buch nun wieder heißt, sicher verschlossen. Und auch den goldenen Stift habe ich an einem Ort versteckt, wo ihn niemand finden wird, damit er nie wieder in die falschen Hände gerät. Er ist einfach zu mächtig.«

Penelope würde außerdem übergangsweise die Bibliothek leiten. Und in wenigen Wochen sollte zum ersten Mal ein neuer Oberster Bibliothekar oder eine Oberste Bibliothekarin gewählt werden.

Als es Zeit war, nach Hause zu gehen, trank Ivy ihren Tee aus und verabschiedete sich.

Frederick sprang auf und nahm sie wortlos in den Arm. Dann trat er einen Schritt zurück, richtete seine Krawatte, strich die Haare zurück und fragte: »Sehen wir uns morgen, Partnerin?«

Ivy nickte. »Aber so was von!«

Die Wohnung von Ivys Familie war nicht sonderlich groß, aber sie beherbergte ungefähr siebenunddreißigtausendvierhundertundzwölf Bücher, die Reisen zu mindestens genauso vielen fantastischen Orten ermöglichten. Ihre Eltern führten eine eigene Buchhandlung, Geschichten waren ihr Leben. Ivy liebte Geschichten mindestens genauso sehr wie sie, das hatte sie von ihrer Grandma und von einem Jungen namens Frederick Skull.

Als sie die Tür zum Wohnzimmer aufstieß, strich ihr Mr Snizzles um ihre Beine.

»Huch, Ivy, was machst du denn hier? Wolltest du nicht bei deinem Freund zu Abend essen?«, fragte ihre Mutter. Ihr Paps,

Viola und die Jungs, Rupert und Gregory, saßen alle auf der Couch – offenbar hatte Mum ihnen gerade eine Geschichte vorgelesen.

»Fredericks Mum ist von einer ... Geschäftsreise zurück. Er ist in guten Händen«, gab Ivy zurück und winkte ab. »Ich dachte, dass ich die Gutenachtgeschichte heute übernehmen könnte!«

Ihre Eltern machten große Augen, während Viola auf der Couch zur Seite rutschte und einladend mit der Hand auf den freien Platz klopfte. »Na, dann lass mal hören!«

Ivy hüpfte neben Viola. »Also es ist eine ziemlich spannende Geschichte, und vielleicht wird es auch etwas gruselig. Aber ihr braucht keine Angst zu haben – ich bin mir sicher, es geht alles gut aus!« Sie legte eine dramatische Pause ein, um die Spannung zu steigern, und zwinkerte Morty zu, der es sich in der Spitze einer Topfpflanze gemütlich gemacht hatte.

»Also die Geschichte heißt *Die Tintenjäger Skull & Bones*, sie handelt von einem etwas schrägen Jungen, der auf der Suche nach seiner Mum ist, und einem etwas schrägen Mädchen, das ihre Fantasie wiederfinden muss ...«

Und so erzählte Ivy von ihren Abenteuern, die viel zu wundersam klangen, um wirklich passiert zu sein. Aber das war egal, denn Familie Bones wusste, dass in jeder noch so fantastischen Geschichte stets ein Funken Wahrheit steckt.

Rätsel 23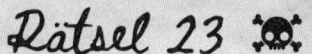

Eine letzte Aufgabe steht dir noch bevor: Besuche uns auf Baumhausbande.com/Raetsel-Tintenjaeger und gib den vierstelligen Code ein, den du herausgefunden hast.

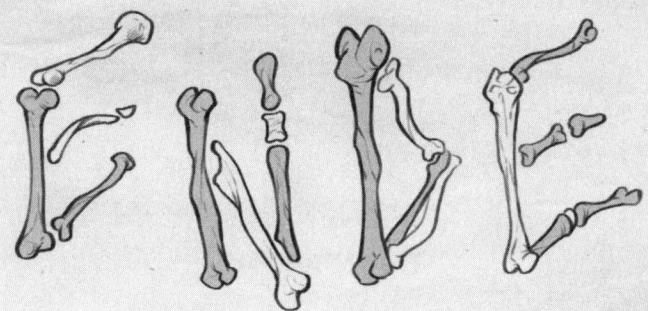

Der Code lautet:

_____

Tipps

Sind dir die Rätsel zu knifflig? Keine Sorge, die Magische Bibliothek bietet in ihren unzähligen Regalen Bücher mit Antworten auf alle Fragen! Und sicherlich hält sie auch den ein oder anderen Tipp für dich bereit. Sieh dir immer zuerst Tipp 1 an, und versuche erst einmal selbst, das Rätsel zu lösen. Das hat dir nicht geholfen? Du weißt immer noch nicht die Lösung? Na gut, dann versuche es mit Tipp 2. Jetzt sollte es schon etwas einfacher sein! Und wenn du es danach immer noch nicht weißt, dann lies einfach im nächsten Kapitel weiter.

Rätsel 1

Tipp 1: Schau dir den Totenkopf auf dem Brief genau an. Hier muss die Adresse versteckt sein.

Tipp 2: Folge der Linie des Totenkopfes, dann erhältst du die korrekte Adresse.

Rätsel 2

Tipp 1: Die Tiere auf dem Brunnen haben unterschiedlich viele Beine.

Tipp 2: Vielleicht geben die unterschiedlichen Beine auf dem Brunnen eine Reihenfolge vor.

Rätsel 3

Rätsel 4

Tipp 1: Hooks älteste Wunde ist die Narbe unter dem Hut.

Tipp 2: Das Loch im Schuh ist älter als der Schnitt in der Hand.

Rätsel 5

Tipp 1: Zuerst fahren sie von der Bond Street aus eine Station mit der grünen Linie zur Station Green Park.

Tipp 2: Weiter geht es mit der blauen Linie bis Oxford Street. Hast du den Dreh jetzt raus?

Rätsel 6

Tipp 1: Jedes Regal folgt einem Muster, und nur ein Buch sticht jeweils daraus hervor.

Tipp 2: In der ersten Reihe sticht das fünfte Buch heraus, weil der Abstand der Zahlen immer 2 betragen muss.

Rätsel 7

Tipp 1: Sieh dir die Markierungen auf den folgenden Seiten genau an. Sie helfen dir, den Flieger richtig zusammenzufalten.

Tipp 2: Falte zuerst die Linien auf S. 62 und 63 zu dir hin zusammen. Wiederhole den Schritt mit den Linien, die nun erscheinen. Den Rest schaffst du alleine.

Rätsel 8

Tipp 1: Schau dir die Pinguine genau an, sie stehen in einer Pfütze, die sie spiegelt.

Tipp 1: Kann es sein, dass eine Spiegelung nicht korrekt ist?

Rätsel 9

Tipp 1: Schau dir die Umrisse ganz genau an, hast du sie schon mal gesehen? Oder hältst du sie womöglich in der Hand?

Tipp 2: Halte das Buch gegen das Licht und achte auf versteckte Buchstaben. Jetzt müssen diese nur noch in die richtige Reihenfolge gebracht werden.

Rätsel 10

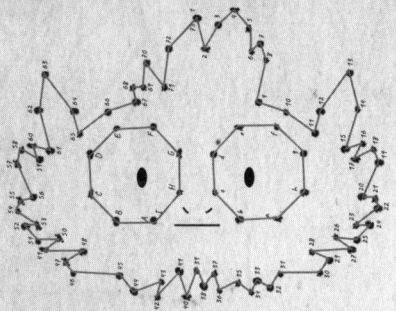

Rätsel 11

Tipp 1: Lies dir noch einmal durch, was die Grinsekatze zu Ivy sagt. Welche Vögel sind hier gesucht?

Tipp 2: Zähle nun die Buchstaben in den Namen der Vögel ab, so wie die Grinsekatze es vorgibt.

Rätsel 12

Tipp 1: Sieh dir das Buch ganz genau an. Wo könnte der Minuskel dich mit der Zahl hinführen wollen?

Tipp 2: Wo immer der Minuskel Kleckse hinterlassen hat, finden sich auch andere Hinweise. Füge sie richtig zusammen.

Rätsel 13

Tipp 1: Die Bezeichnung in der ersten Zeile gibt an, wie viele Scheiben das Sandwich hat. Wofür könnte die zweite Zeile stehen?

Tipp 2: Schau dir an, ob die Angaben immer mit den abgebildeten Sandwiches übereinstimmen.

Rätsel 14

Tipp 1: Neben dem Safe stehen Hinweise, anhand derer du herausfinden kannst, welche Zahl für welches Symbol steht.

Tipp 2: Der Stern steht für die Zahl 4. Errätst du jetzt, wofür das Viereck steht?

Rätsel 15

Tipp 1: Diese Zeichen und Symbole hast du schon einmal gesehen. Vielleicht auf dem Brief?

Tipp 2: Vergleiche die Formen, und achte auch auf Hervorhebungen im Brieftext. Findest du den gesuchten Ort und den Namen heraus?

Rätsel 16

Tipp 1: Man sieht fünf Stellen von Kaa, die unter dem Stein hervorschauen. Die Schuppen auf dem Körper von Kaa entsprechen Zahlen.

Tipp 2: Die beiden Schlaufen, die Kaas Kopf am nächsten sind, ergeben die Zahl 20. Eine Schlaufe hat demnach einen Wert von 10. Ein Punkt hingegen hat nur einen Wert von 1.

Rätsel 17

Tipp 1: Schau dir die Zahnlücken an. Fallen dir Unterschiede auf?

Tipp 2: Vielleicht ergibt sich eine Reihenfolge, in der die Schädel gedreht werden müssen.

Rätsel 18

Tipp 1: Vervollständige das Spinnennetz mit den Buchstaben des Alphabets im Uhrzeigersinn.

Tipp 2: Gehe von den Buchstaben als Startpunkt aus, und folge dann dem Weg durch das Spinnennetz. Bei welchen Buchstaben landest du?

Rätsel 19

Tipp 1: Die Gegner können immer nur zwei Felder geradeaus und nicht nach links oder rechts gucken.

Tipp 2: Zuerst weist Ivy nach unten, dann nach rechts und dann nach oben. Weißt du jetzt, wie es weitergeht?

Rätsel 20

Tipp 1: Gut, dass du die Patronen der eingefangenen Charaktere umrandet hast. Schau genau hin, scheint dort nicht etwas durch?

Tipp 2: Im ersten Efeublatt nach »Start« verbirgt sich ein »D«. Kannst du jetzt den Rest entziffern?

Rätsel 21

Tipp 1: Schau dir die Zeichen über dem Buchtitel »Der höchst mysteriöse Fall ...« an. Hast du die auch auf dem Brief gesehen?

Tipp 2: Auf dem Brief findest du unter den Symbolen auch Striche, die jeweils für Zahlen stehen. Wenn du dir jetzt beim Rätsel den Kreis vornimmst, siehst du, dass der zweite Buchstabe, der mit dem Kreis verbunden ist, ein S ist. Das ist der erste Buchstabe des Lösungsworts.

Rätsel 22

Tipp 1: Hinter jeder Zeile und Spalte steht eine Zahl: Genauso viele Kästchen müssen ausgemalt werden in der entsprechenden Zeile bzw. Spalte.

Tipp 2: Drei Felder sind bereits ausgemalt, die zählen dazu. Eine Zeile kannst du bereits komplett ausmalen.

Rätsel 23

Tipp 1: Das Wort besteht aus Knochen, manche sind dunkler, andere heller eingefärbt.

Tipp 2: Wenn du jeweils die schwarzen Knochen zählst, erhältst du einen vierstelligen Zahlencode.

Ivys Forschungstagebuch

Umrande hier jeweils die Patrone mit dem Symbol, die Ivy in den Rätseln 4, 8, 11, 13 und 16 erhalten hat. Ziehe die Linien deutlich nach, und umrande die Kappen der Patronen noch einmal extra.

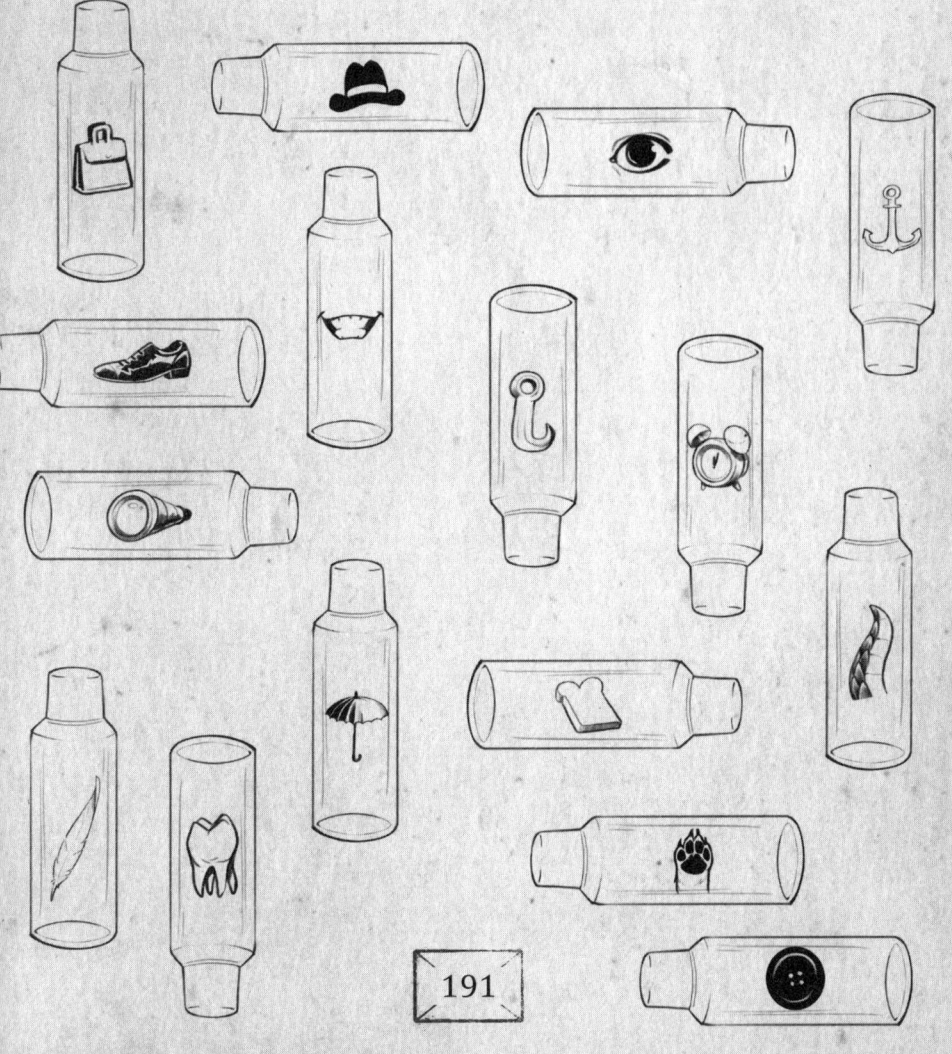

Hast du die richtigen Patronen mit ihren Kappen auf der Vorderseite deutlich umrandet? Dann halte die Seite gegen das Licht. Kannst du das Lösungswort für Rätsel 20 entziffern? Beginne bei »Start« und folge den Efeuranken.

Start

Bist du auf der Suche nach weiteren spannenden Rätsel-Abenteuern?

Löse spannende Rätsel-Postkarten wie zum Beispiel die Suche nach dem legendären Piratenschatz.

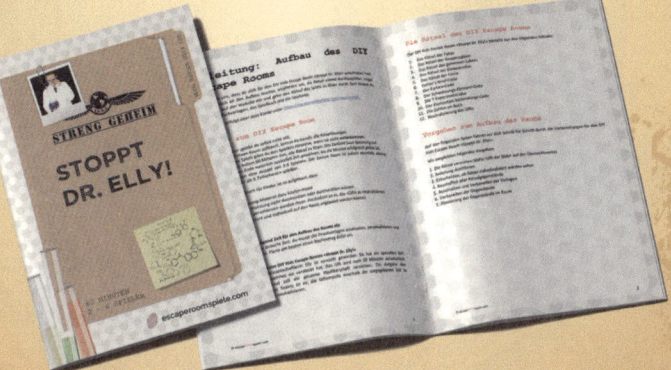

Oder verwandle dein Zuhause in einen echten Escape Room und sei für einen Tag ein Special Agent auf geheimer Mission!

Alle Rätsel-Abenteuer auf:

 escaperoomspiele.com

Bond
Street

Baker Street

Great
Portland Street

Oxford
Street

Green Park

Piccadilly
Circus

Warren
Street

Euston

Charing
Cross

Leicester
Square

Tottenham
Court Road

Holborn

King's Cross
St. Pancras